イラストでパッと見てわかる！

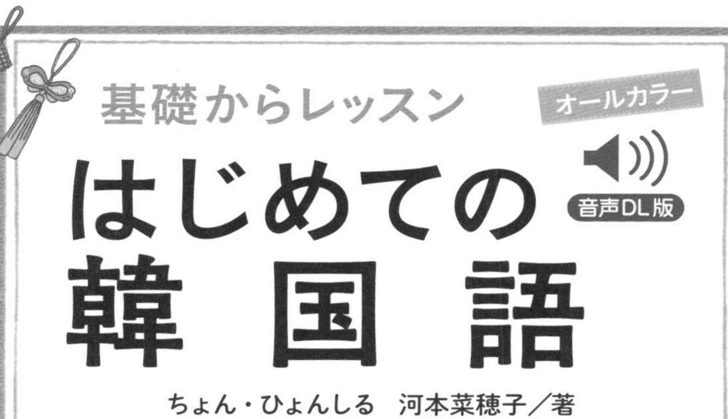

基礎からレッスン

オールカラー

はじめての韓国語

音声DL版

ちょん・ひょんしる　河本菜穂子／著

ナツメ社

はじめに

皆さんは、どうしてこの本を手に取ってくださったのでしょうか？

韓国に旅行を計画中ですか？　それともK-POPや韓国ドラマのファンですか？　もしかしたら、大学で韓国語を勉強しようと思っているのかもしれませんね。

この本は、これから韓国語を学ぼうと考えていらっしゃる皆さんが、楽しく勉強をスタートできることを願ってつくられました。

韓国語の習得にはハングルの読み書きの知識が必要ですが、この本ではまず、その簡単なルールを紹介しています。

また、文法は初級韓国語に必要なものだけに絞って解説しています。どれも重要なものばかりなので、フレーズを覚えながら、文法も理解するようにしましょう。

さらに、この本では日常のあいさつや、旅行で使えるフレーズもたくさん用意しました。音声をダウンロードして聞きながら、何度もくりかえして口に出してみることをおすすめします。

この本を読んでくださった皆さんが、少しでも話せるようになって、もっと韓国語を好きになってくれることを願っています。

ちょん・ひょんしる　河本菜穂子

もくじ

STEP 3 押さえておきたい！ マストな超基本フレーズ

STEP 4 これで旅行もバッチリ！ 場面定番フレーズ

한글

本書の使い方

本書は、初級韓国語を４つのステップで学習します。
音声をダウンロードして聞きながら、実際に使える
文法やフレーズを学んでいきましょう。

STEP 1 まずはここから！ 韓国語のキホン 11 カ条
ハングルの読み書きを覚えましょう。
初級韓国語に欠かせない文法を覚えましょう。
韓国語の文法
韓国語は日本語に最も近い外国語です。
日本語と韓国語ってそっくりなんですね。
そうです。どこが似ているのか具体的に見ていきましょう。
韓国語と日本語の共通点
漢字語由来のハングル
가족 약속 계산
文法と語順
저는 일본인입니다.
저는 회사원입니다.
疑問文にするには？
그 쪽 거예요.
그 쪽 거예요?
否定文にするには？
학생이 아니에요.
요리사가 아니에요.
가요.
안 가요.
가지 않아요.
STEP 2 そのまま覚えればOK！ すぐに使えるあいさつ
シチュエーション別によく使うあいさつを覚えましょう。
基本のあいさつ
すべてのキホンは「アンニョン」です。
안녕하세요?
안녕하십니까?
안녕히 주무세요.
다녀오겠습니다.
다녀왔어요.
어서 오세요.

STEP 3 押さえておきたい！　マストな超基本フレーズ

基本フレーズの文章構造を理解しましょう。

STEP3 1 DL 3_01

◀自己紹介などで使う表現▶

〜は〜です。

わたしは高橋花です。

저는	다카하시 하나	입니다.
主語	名詞	動詞
わたしは	高橋花	です

ちょっとだけ文法 1

「わたしは〜」と言うときの「は」にあたる助詞は、-는または -은になります。どちらを使うかは、直前の名詞の最後のパッチムの有無で決まります。使い方は、日本語の「は」とほとんど同じです。

〜は -는 ←··· 直前の名詞の最後にパッチムがないとき
-은 ←··· 直前の名詞の最後にパッチムがあるとき

ちょっとだけ文法 2

日本語の「〜です」にあたる韓国語は -입니다です。硬く丁寧な印象をあたえる言い方になります。

〜です　名詞+입니다

なお、-입니다は、「〜である」を意味する -이다の語幹 -이と、語尾にするための -ㅂ니다ということばが組み合わさってできています。

〜です　이다+ㅂ니다=입니다

64

こんな場面で使います

▶▶▶Case 1

A 저는 김창민입니다.
わたしはキム・チャンミンです。

저는（チョヌン）は省略可能です。

B 잘 부탁합니다.
よろしくお願いします。

잘（チャル）は「よろしく」、부탁합니다（プタカムニダ）は「お願いします」という意味です。

▶▶▶Case 2

A 한국은 언제 갑니까?
韓国はいつ行きますか？

한국（ハング）は「韓国」、언제（オンジェ）は「いつ」（→ p.82）、です。「行きますか？」は갑니까?（カムニッカ）です。

B 내일 갑니다.
明日、行きます。

내일（ネイル）は「明日」です。

STEP 3 押さえておきたい！　マストな超基本フレーズ

基本フレーズを使う具体的なケースを見てみましょう。

ミニテスト☑ □に -는か -은を入れて文を完成させましょう。

❶ 취미□ 등산입니다.
趣味は登山です。

❷ 혈액형□ B형입니다.
血液型はB型です。

2つの助詞を覚えましょう！

右下の囲みは、その課で学んだ文法事項のミニテストです。

STEP 4 これで旅行もバッチリ！　場面定番フレーズ

STEP4 1 DL 4_02

空港で使えるフレーズ

いよいよ韓国の空港に到着！　韓国語を使ってみましょう！

入国管理局にて、入国目的を伝える

무슨 일로 오셨어요?
どんなご用件でいらっしゃいましたか？
관광으로 한국에 왔습니다.
観光のために韓国に来ました。
IMMIGRATION

イラストを見ながら語彙を増やしましょう。

《무슨 일로》は「どんなご用で」、《오셨어요?》は「いらっしゃいましたか？」という意味です。《무슨 일로》の슨＋일のように、パッチムのある語の後ろに「イ」や「ヤ」行の音をもつ語がくるときに、ㄴの音がプラスされて、「イ」は「ニ」、「ヤ」は「ニャ」、「ヨ」は「ニョ」と発音します。これをㄴ挿入といいます。

入国管理局を通る際の質問に対しては、유학으로「留学で」や일로「仕事で」のように入国目的を伝えましょう。

유학으로 왔습니다.
留学で来ました。

일로 왔습니다.
仕事で来ました。

96

フレーズ1 入国管理局にて滞在日を伝える

일주일 체류합니다.
1週間滞在します。

語彙 일주일「1週間」　체류「滞在」
プラスα 「3日間」は사흘간、「1か月間」は1개월간のように言います。

フレーズ2 手荷物の受取場にて、手荷物に関するトラブルを伝える

제 캐리어가 아직 도착하지 않았어요.
わたしのスーツケースがまだ到着していません。

語彙 캐리어「スーツケース」　아직「まだ」　도착하다「到着する」
表現 《-지 않았어요》「〜していません、〜しませんでした」

フレーズ3 両替所にて、ウォンに両替する

3만 엔을 원으로 바꿔 주세요.
3万円をウォンに替えてください。

表現 《-아/어 주세요》「〜してください」

フレーズ4 案内所にて、チェックインカウンターを尋ねる

아시아나 항공 수속카운터가 어디에요?
アシアナ航空のチェックインカウンターはどこですか？

語彙 수속「手続き」
表現 《어디에요?》「どこですか？」（→ p.82）

STEP 4 これで旅行もバッチリ！　場面定番フレーズ

シチュエーション別に使えるフレーズを覚えましょう。

DL
0_00

【音声ダウンロードについて】

音声ファイルはナツメ社のウェブサイト（https://www.natsume.co.jp）の「音声 DL 版　オールカラー 基礎からレッスンはじめての韓国語」のページよりダウンロードできます。ファイルを開く際には以下のパスワードをご入力ください。

パスワード：Ff24ghmq

ダウンロードした音声は、パソコンやスマホの MP3 対応のオーディオプレーヤーで再生できます。

※ダウンロードした音声データは本書の学習用途のみにご利用いただけます。データそのものを無断で複製、改変、頒布（インターネット等を通じた提供を含む）、販売、貸与、商用利用はできません。

※ダウンロードした音声データの使用により発生したいかなる損害についても、著者及び株式会社ナツメ社、ナツメ出版企画株式会社は一切の責任を負いかねますのでご了承ください。

STEP 1

まずはここから！
韓国語のキホン11カ条

ハングルについて

韓国語を学ぶ第一歩、まず文字の形を学びましょう。

韓国語って、まるで記号みたいな
文字を使いますよね？

それ、「ハングル」というんです。
韓国語固有の文字なの。

★ハングルって、なに？★

15世紀までの韓国では、文書を書くのにほとんど漢字を使っていました。けれど、漢字を習うことができるのは両班（ヤンバン）（貴族）や役人など、一部の階層だけでした。そこで李（イ）王朝４代目の世宗（セジョン）王は、若い学者たちを集めて、一般の人たちも使うことのできる「訓民正音（フンミンジョンウム）」をつくりました。

その文字が現在「ハングル」と呼ばれています。「ハン」は「偉大」、「グル」は「文字」という意味です。

ひらがなやカタカナ、漢字を覚えずに日本語を学ぶのが不可能なのと同様に、ハングルを覚えずに韓国語を学ぶことはできません。

★文字の形はこの４つ★

ハングルは、ローマ字と同じように、母音と子音の組み合わせでつくられています。

ハングルには母音が 21 個（基本母音→ p.14、合成母音→ p.24）、子音が 19 個（基本子音→ p.16 、激音→ p.20、濃音→ p.22）あります。

この 40 個のパーツを「子音＋母音」、あるいは「子音＋母音＋子音（パッチム）」と組み合わせて書くことでハングルの文字になるのです。

ハングルの形は、複雑に見えますが、母音と子音の組み合わせのパターンは実は 4 種類しかありません。覚えるのも簡単です。

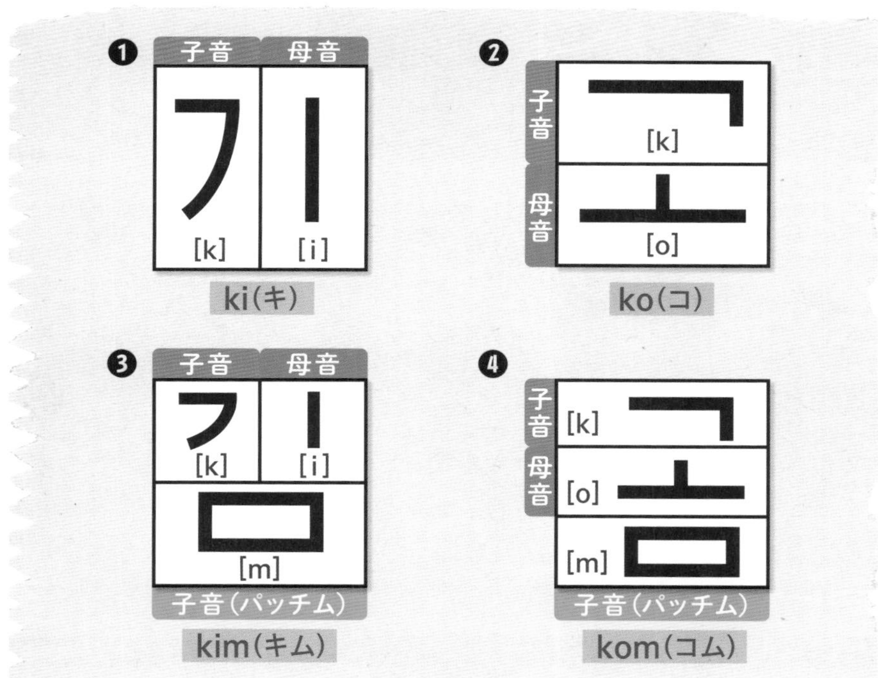

さらに、キホン中のキホンである母音はすべて「｜」のタテ棒か「—」のヨコ棒になっています。母音は、これをそのまま使っているか、あるいはみじかい棒が 1 つか 2 つ、くっついているだけなのです。

DL 1_01

ハングルの母音

母音は３つの要素の組み合わせでできています。

ハングルの母音は
10 個もあるの？
うん、でも大丈夫。
キホンは３つの要素の
組み合わせだよ。

母音の３つの要素

ハングルの母音は、天「・」、地「一」、人「ㅣ」の３つの要素を組み合わせてつくられています。

たとえば、「ㅣ」と「・」を組み合わせると「ㅏ」になります。発音は「ア」です。また、「・」と「ㅣ」を組み合わせると「ㅓ」になります。発音は「オ」に近いですが、唇を丸めずにのどの近くから音を出します。

このように、３つの要素の組み合わせで、基本母音 10 個ができます。また、基本母音 10 個の組み合わせで合成母音 11 個ができます（→ p.24）。

10 個の基本母音

まずは基本母音を覚えましょう。

天「・」、地「一」、人「ㅣ」の３つの要素を組み合わせた基本母音は 10 個あります。

なお、母音だけを表すときは子音がないことを示す無声子音「ㅇ」（イウン）をつけて、「아」（ア）や「어」（オ）のように表記します。

音声を聞いていっしょに
練習しましょう。

発音	母音	母音	発音のコツ
ア (a)	ㅏ	아	口を開けて、日本語の「あ」と同じ発音。
ヤ (ya)	ㅑ	야	「ㅏ」に１本増やして「や」。ㅏと同じく口を開けて。
オ (o)	ㅓ	어	口を開けて「お」と発音。「あ」と「お」の中間くらい。
ヨ (yo)	ㅕ	여	「ㅓ」に１本増やして「よ」。口を開けて「よ」と発音。
オ (o)	ㅗ	오	口をすぼめて突き出して「お」と発音。
ヨ (yo)	ㅛ	요	「ㅗ」に１本増やして「よ」。口をすぼめて「よ」と発音。
ウ (u)	ㅜ	우	口をすぼめて突き出して「う」と発音。
ユ (yu)	ㅠ	유	「ㅜ」に１本増やして「ゆ」。口をすぼめて「ゆ」と発音。
ウ (u)	ㅡ	으	「い」のように、唇を横に引っ張って、「う」と発音。
イ (i)	ㅣ	이	日本語の「い」と同じく、唇を横に引いて発音。

＊わかりやすいように、発音記号ではなく、ローマ字で表記しています。

ハングルの子音

基本子音の形と発音を覚えましょう。

ハングルの子音は
何個あるんですか？

19 個です。
まずは、基本子音から
学びましょう。

９つの基本子音

ハングルの子音は 19 個ありますが、基本となる子音は９つで、残りの 10 個（激音→ p.20 と濃音→ p.22）は基本子音のバリエーションです。

基本子音の発音は日本語の発音と似ているので簡単です。

なお、ハングルには清音と濁音の区別がなく、語頭か語中かで発音が異なることがあるので、注意が必要です。

ㄱ [キヨク]

日本語の「か」行に近い。
語頭では「k」、語中では「g」になって発音が濁る。

子音と母音の組み合わせの例

가	갸	거	겨	고	교	구	규	그	기
(カ/ガ)	(キャ/ギャ)	(コ/ゴ)	(キョ/ギョ)	(コ/ゴ)	(キョ/ギョ)	(ク/グ)	(キュ/ギュ)	(ク/グ)	(キ/ギ)

例
가구（カグ）家具　야구（ヤグ）野球　고기（コギ）肉

＊[　　] は子音字母の名称。

日本語の「な」行にあたる。

子音と母音の組み合わせの例

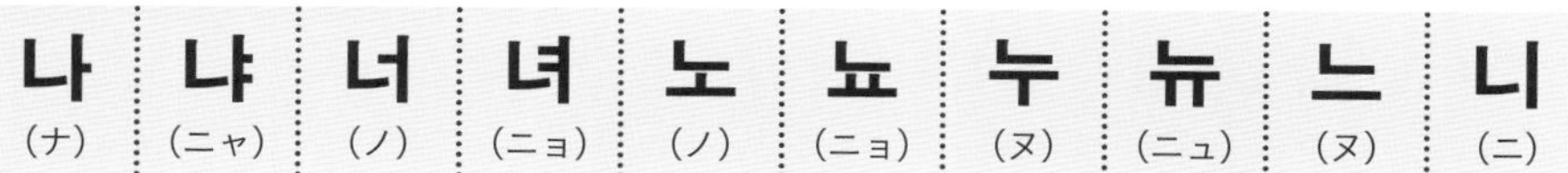

나	냐	너	녀	노	뇨	누	뉴	느	니
(ナ)	(ニャ)	(ノ)	(ニョ)	(ノ)	(ニョ)	(ヌ)	(ニュ)	(ヌ)	(ニ)

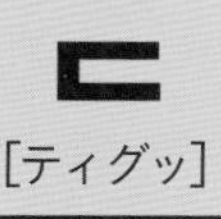

語頭では「t」、語中では「d」になって発音が濁る。

子音と母音の組み合わせの例

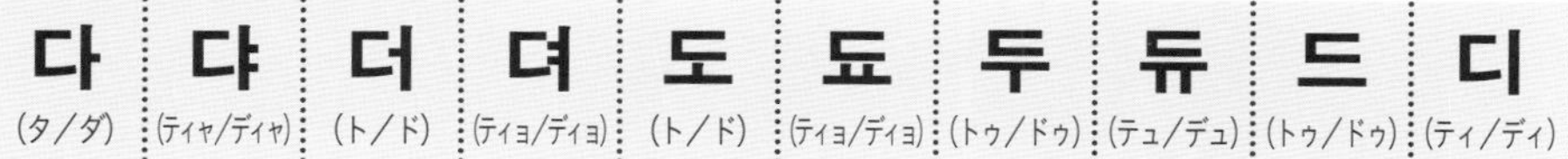

다	댜	더	뎌	도	됴	두	듀	드	디
(タ/ダ)	(ティャ/ディャ)	(ト/ド)	(ティョ/ディョ)	(ト/ド)	(ティョ/ディョ)	(トゥ/ドゥ)	(テュ/デュ)	(トゥ/ドゥ)	(ティ/ディ)

日本語の「ら」行にあたる。

子音と母音の組み合わせの例

라	랴	러	려	로	료	루	류	르	리
(ラ)	(リャ)	(ロ)	(リョ)	(ロ)	(リョ)	(ル)	(リュ)	(ル)	(リ)

例
ウリ
우리
わたしたち
ナラ
나라
国
ヨリ
요리
料理

ㅁ [ミウム]

日本語の「ま」行にあたる。

子音と母音の組み合わせの例

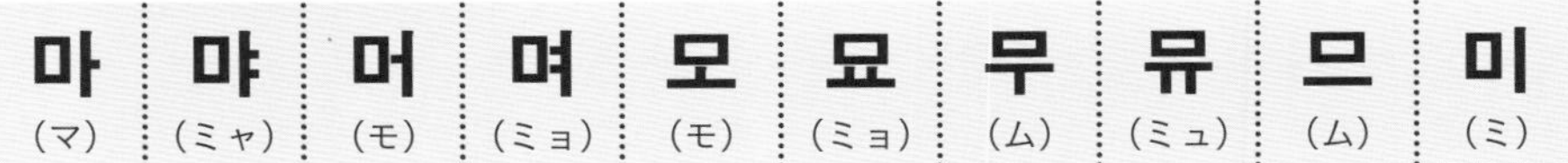

마	먀	머	며	모	묘	무	뮤	므	미
(マ)	(ミャ)	(モ)	(ミョ)	(モ)	(ミョ)	(ム)	(ミュ)	(ム)	(ミ)

例 머리（モリ） 나무（ナム） 어머니（オモニ）

頭　木　母

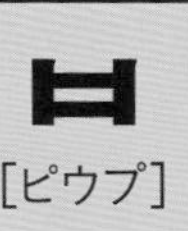

ㅂ [ピウプ]

語頭では「p」、語中では「b」になって発音が濁る。

子音と母音の組み合わせの例

바	뱌	버	벼	보	뵤	부	뷰	브	비
(パ/バ)	(ピャ/ビャ)	(ポ/ボ)	(ピョ/ビョ)	(ポ/ボ)	(ピョ/ビョ)	(プ/ブ)	(ピュ/ビュ)	(プ/ブ)	(ピ/ビ)

例 부부（プブ） 두부（トゥブ） 바나나（パナナ）

夫婦　豆腐　バナナ

ㅅ [シオッ]

日本語の「さ」行にあたる。

子音と母音の組み合わせの例

사	샤	서	셔	소	쇼	수	슈	스	시
(サ)	(シャ)	(ソ)	(ショ)	(ソ)	(ショ)	(ス)	(シュ)	(ス)	(シ)

例 소나기（ソナギ） 버스（ポス） 가수（カス）

にわか雨　バス　歌手

無声子音のため発音しない。
母音と組み合わせると母音の発音になる。

子音と母音の組み合わせの例

아	야	어	여	오	요	우	유	으	이
(ア)	(ヤ)	(オ)	(ヨ)	(オ)	(ヨ)	(ウ)	(ユ)	(ウ)	(イ)

例
아이（アイ）子ども
오이（オイ）きゅうり
우유（ウユ）牛乳

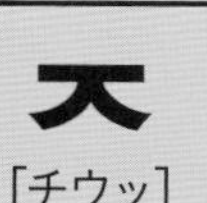

語頭では「ch」、語中では「j」になって発音が濁る。

子音と母音の組み合わせの例

자	쟈	저	져	조	죠	주	쥬	즈	지
(チャ/ジャ)	(チャ/ジャ)	(チョ/ジョ)	(チョ/ジョ)	(チョ/ジョ)	(チョ/ジョ)	(チュ/ジュ)	(チュ/ジュ)	(チュ/ジュ)	(チ/ジ)

例
소주（ソジュ）焼酎
주소（チュソ）住所
아버지（アボジ）父

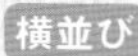

ハングルをきれいに書くコツは、子音と母音が横に並ぶときは、それぞれのパーツを縦長に、縦に並ぶときは横長に書くことです。
とくに「ㄱ」と「ㄴ」は位置によって形も少しちがうので、気をつけて書きましょう。

横並び
가
カタカナの「フ」のように

縦並び
고
ほぼ直角に曲げるように

横並び

カタカナの「レ」のように

縦並び
노
ほぼ直角に曲げるように

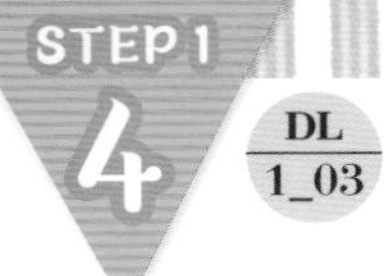

DL 1_03

ハングルの激音

激音は強く息をはきながら発音しましょう。

先生、激音って何ですか？
基本子音を発音するときよりも、
強く息をはき出しながら
発音する音です。

子音に画を１つ増やして激音に

子音にはこれまで学んだ基本子音以外に激音と濃音（→ p.22）があります。

激音は、お腹から強く息をはき出すようにして発音する音です。フッとロウソクの炎をゆらすようなイメージで息を出します。

文字の形は、基本子音（平音）に画を一角足しただけの形なので簡単です。

激音には５つの種類があります。そのうちの４つ、「ㅋ」「ㅌ」「ㅍ」「ㅊ」は、基本子音「ㄱ」「ㄷ」「ㅂ」「ㅈ」が変化した発音になります。

また、「ㅎ」は無声子音の「ㅇ」の激音で、日本語のハ行に近い発音になります。

なお、基本子音は語頭では清音、語中では濁音になりますが、激音は語中でも音が濁ることはありません。

5つの激音

激音	平音	発音のコツ	例
ㅋ	ㄱ	(k) 息を強くはきながらカ行を発音。	カドゥ 카드 カード
ㅌ	ㄷ	(t) 息を強くはきながらタ行を発音。	ノトゥ 노트 ノート
ㅍ	ㅂ	(p) 息を強くはきながらパ行を発音。	ソパ 소파 ソファー
ㅊ	ㅈ	(ch) 息を強くはきながらチャ行を発音。	コチュ 고추 とうがらし
ㅎ	ㅇ	(h) 息を強くはきながらハ行を発音。 日本語のは行にあたる。	チハ 지하 地下

激音の発音のコツ

発音は最初に学ぶときにしっかり、平音とのちがいを身につけましょう。日本語にはない発音なので難しいですが、手の平を口に近づけてみて練習しましょう。「ㄱ ㄷ ㅂ ㅈ」より、息を感じるはずです。

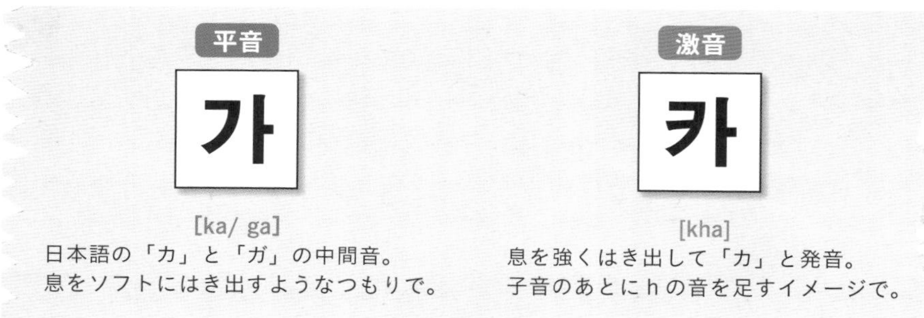

[ka/ ga]
日本語の「カ」と「ガ」の中間音。
息をソフトにはき出すようなつもりで。

[kha]
息を強くはき出して「カ」と発音。
子音のあとにhの音を足すイメージで。

ハングルの濃音

息をつまらせるようにして発音しましょう。

先生、濃音って何ですか？
基本子音を発音する
ときよりも、息をつまらせて
発音する音です。

子音を2つ重ねて濃音に

子音には、基本子音（→ p.16）と激音（→ p.20）にくわえてもうひとつ、濃音とよばれるものがあります。

濃音は激音とちがって息ははき出さず、のどを緊張させ、息をつまらせるようにして発音します。のどにものがつまったまま、声を絞り出すイメージです。

文字の形は、基本子音（平音）が2つ並んだ形をしています。

濃音には「ㄲ」「ㄸ」「ㅃ 」「ㅆ」「ㅉ」の5つがあり、それぞれ基本子音「ㄱ」「ㄷ」「ㅂ」「ㅅ」「ㅈ」が変化した発音になります。

なお、濃音も激音と同じように、語中でも音が濁ることはありません。

5つの濃音

濃音	平音	発音のコツ	例
ㄲ	ㄱ	(k) 息をつまらせてカ行を発音。 日本語の「ガッカリ」に近い音。	アッカ 아까 さっき
ㄸ	ㄷ	(t) 息をつまらせてタ行を発音。 日本語の「グッタリ」に近い音。	タロッタロ 따로따로 別々に
ㅃ	ㅂ	(p) 息をつまらせてパ行を発音。 日本語の「キッパリ」に近い音。	アッパ 아빠 パパ
ㅆ	ㅅ	(s) 息をつまらせてサ行を発音。 日本語の「アッサリ」に近い音。	サダ 싸다 安い
ㅉ	ㅈ	(ch) 息をつまらせてチャ行を発音。 日本語の「ちっちゃい」に近い音。	チゲ 찌개 チゲ

濃音の発音のコツ

日本人にとっては、韓国語の激音と濃音の区別が難しいようです。

濃音は激音に比べてつまる音です。単語の冒頭に出てくると難しいですが、単語の間に出てくる「っ」は、日本語にもたくさんありますよね。そのイメージで練習してみましょう。

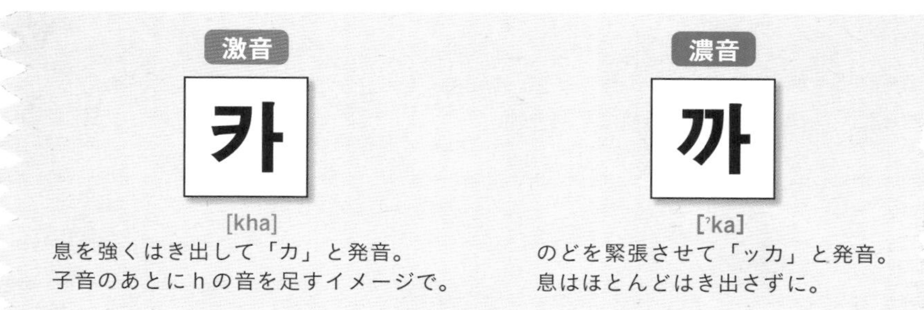

激音
카
[kha]
息を強くはき出して「カ」と発音。
子音のあとにhの音を足すイメージで。
濃音
까
[ˀka]
のどを緊張させて「ッカ」と発音。
息はほとんどはき出さずに。

STEP 1 6

DL 1_05

ハングルの合成母音

母音が２つ組み合わさった合成母音を覚えましょう。

先生、そういえば
韓国語には「エ」の段って
ないんですか？
ありますよ。
「エ」の段は、母音を
２つ重ねた合成母音です。

11 個の合成母音

ハングルには基本の母音が 10 個ありました。この基本母音にさらに母音を合わせた合成母音が 11 個あります。

発音	合成母音	組み合わせ	母音	発音のコツ	例
エ (e)	ㅐ	ㅏ＋ㅣ	애	日本語の「え」より、もう少し大きく口を開けて発音。	ヘウェ 해외 海外
イェ (ie)	ㅒ	ㅑ＋ㅣ	얘	「ㅐ」に 1 本増やして「いえ」。	イェギ 얘기 話
エ (e)	ㅔ	ㅓ＋ㅣ	에	日本語の「え」とほぼ同じ。	メモ 메모 メモ
イェ (ie)	ㅖ	ㅕ＋ㅣ	예	「ㅔ」に 1 本増やして「いぇ」。「ㅇ」以外の子音と合わさると「エ」と発音。	シゲ 시계 時計

ワ(wa)	ㅘ	ㅗ+ㅏ	와	唇を丸めてから「ワ」と発音。「オ」+「ア」で「ワ」。	サグァ 사과 リンゴ
ウェ(we)	ㅙ	ㅗ+ㅐ	왜	口を丸めてから「ウェ」と発音。「オ」＋「エ」だが、「ウェ」となる。	クェ 꽤 かなり
ウェ(we)	ㅚ	ㅗ+ㅣ	외	口を丸めてから「ウェ」と発音。「オ」＋「イ」だが、「ウェ」となる。	フェサ 회사 会社
ウォ(wo)	ㅝ	ㅜ+ㅓ	워	唇を丸めてから「ウォ」と発音。「ウ」＋「オ」で「ウォ」。	ムォ 뭐 何
ウェ(we)	ㅞ	ㅜ+ㅔ	웨	唇を丸めてから「ウェ」と発音。「ウ」＋「エ」で「ウェ」。	クェド 궤도 軌道
ウィ(wi)	ㅟ	ㅜ+ㅣ	위	唇を丸めてから「ウィ」と発音。「ウ」＋「イ」で「ウィ」。	チュイミ 취미 趣味
ウィ(wi) イ(i) エ(e)	ㅢ	ㅡ+ㅣ	의	語頭に来たときは「ウィ」と発音。 語中・語尾または子音がつくときは「イ」と発音。 名詞をつなぐ「～の」のときは、「エ」と発音。	ウィジャ 의자 椅子 チュイ 주의 注意 ウリエ 우리의 チャンネ 장래 わたしたちの将来

＊わかりやすいように、発音記号ではなく、ローマ字で表記しています。

DL 1_06

ハングルのパッチム

母音の下についている子音をパッチムと言います。

母音の下についている
子音は何ですか？

それは「パッチム」です。
パッチムとは「支えるもの」という意味なんです。
つまり、文字を支えているのですよ。

最後に発音するパッチム

これまで学んできたハングルは子音と母音の組み合わせでできていました。しかし、ハングルには子音＋母音の下に、さらに子音がくっついているものがあります。この最後の子音はパッチムと言います。

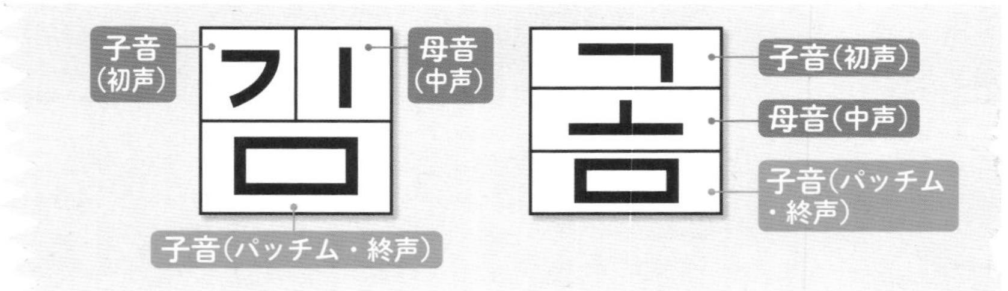

＊音節の初めにくる子音を初声、次にくる母音を中声、最後にくる子音をパッチムまたは終声と言います。

パッチムは、最後に発音されるので終声とも呼ばれます。子音だけなので、これだけだと発音しようとすると難しいと感じるかもしれません。

パッチムは、ローマ字で表記すると理解しやすいです。たとえば、「キムチ」は김치と書きます。ローマ字表記すると「kimchi」です。この「ㅁ」がローマ字の「m」にあたるパッチムです。

✳ 7つのパッチムの音 ✳

パッチムとして使われる子音はさまざまですが、実はその発音は下記のように7通りしかありません。同じ子音でも、初声の子音とパッチムでは発音が異なるものがあることに注意しましょう。

発音	パッチムの種類
ㅁ [m]（ム）	ㅁ ㄻ
ㄴ [n]（ン）	ㄴ ㄵ ㄶ
ㅇ [ng]（ン）	ㅇ
ㄹ [l]（ル）	ㄹ ㄺ ㄼ ㄽ ㄾ ㅀ
ㅂ [p]（プ）	ㅂ ㅍ ㅄ ㄼ
ㄷ [t]（ツ）	ㄷ ㅅ ㅈ ㅊ ㅌ ㅎ ㅆ
ㄱ [k]（ク）	ㄱ ㅋ ㄲ ㄳ ㄺ

＊パッチムが２つならぶ二重パッチムについてはp.29 を参照。

さらに、これら７つのパッチムは「音が鼻に響くパッチム」と「音がつまるパッチム」に分けられます。それぞれの発音をくわしく見ていきましょう。

音が鼻に響くパッチム

音が鼻に響くパッチムは、鼻から息が抜けるように発音します。

ㅁ	[m]「む」と発音するように、しっかりと唇を閉じる。	サラム 사람 sa ram 人
ㄴ	[n] 口は閉じずに、舌先を軽く噛むように「ん」と発音。	オンニ 언니 on ni 姉
ㅇ	[ng] 口は閉じずに、舌先を下歯の後に引いて「ん」と発音。	サラン 사랑 sa rang 愛
ㄹ*	[l] 舌先を上あごに軽くつけて「る」と発音。	ハルモニ 할머니 hal mo ni 祖母

＊ㄹ[l]は、流音と呼ばれ、舌を激しく巻くときの音です。

音がつまるパッチム

音がつまるパッチムは日本人からみると、最後の音が消えているように感じられます。このパッチムの発音は、日本語の「っ」のようにも聞こえますが、それぞれ、唇や舌の形はちがいます。

ㅂ	[p]「ぷ」と発音するように、すばやく唇を閉じる。	ユロプ 유럽 yu rop ヨーロッパ
ㄷ	[t] 口は閉じずに、舌先をすばやく上歯の裏につけるように。	スッカラク 숟가락 sut ka rak スプーン
ㄱ	[k] 口は閉じずに、舌先を下歯の後に引いて。喉にひっかかる感じで。	メクチュ 맥주 mek chu ビール

パッチムが2つついてる場合

パッチムは母音と子音の組み合わせの下につきますが、なかには2つのパッチムがつく場合もあります。これを二重パッチムといいます。

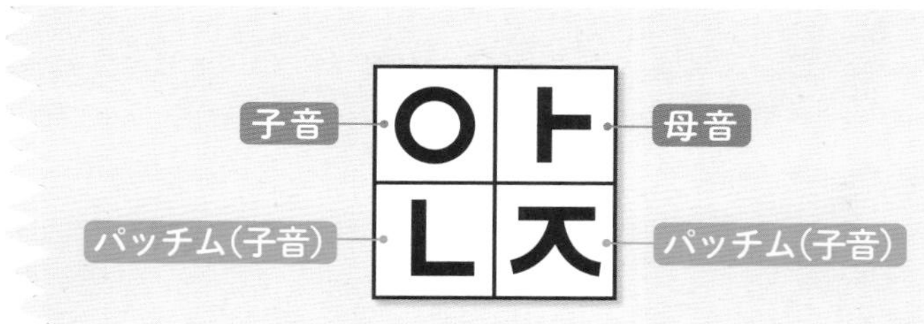

二文字のパッチムは、原則として左右どちらかの子音のみを発音します。このとき、基本的には「ㄱ→ㄴ→ㄷ→ㄹ」順で早いほうを発音し、左側のパッチムを発音します（ただし、「ㄺ、ㄻ、ㄿ」など右側を発音する例外もあります）。

例
アンタ
앉다
anjta
座る

例外
タク
닭
talk
鶏

また、後ろに「ㅇ」が来ると、左側のパッチムが移動して両方発音されます。限られた単語数なので覚えてしまいましょう。

例
アンジャヨ
앉아요
anjayo
座ります

オプソヨ
없어요
opsoyo
ありません

パッチムは日本語にはない世界です。
発音練習をどれだけ数多くするかが
上達のカギとなります。

STEP 1 8

DL 1_07

ハングルの発音のルール

ちょっと難しい発音のルールをマスターしましょう。

先生、今まで習った発音と、韓流ドラマで聞いた発音では、少しちがうようなんですが……。

そうなんです。ハングルは、隣にくる文字によって発音が変わることも多いんです。

連音化

パッチムの後ろに「ㅇ」があると、パッチムの発音が後ろの母音とくっつきます。これを連音化（リエゾン）と言います。

例

チヂミ 지짐이 ← チ 지 + ジム 짐 + イ 이
chijimi ← chi + jim + i
チヂミ

ウマク 음악 ← ウ 음 + マク 악
eumak ← eum + ak
音楽

ただし、パッチム「ㅇ」の後ろに「ㅇ」があるときは、「ん」をしっかり発音します。

例

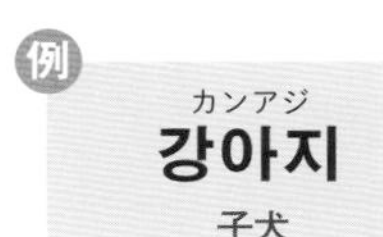

鼻音化

つまるパッチムの後ろに「ㄴ、ㅁ」がくると、音が柔らかくなります。これを鼻音化と言います。

例

ハングンマル 한국말 ← ハン 한 + グク 국 + マル 말
hangungmal han guk mal
韓国語

イェンナル 옛날 ← イェッ 옛 + ナル 날
yennal yet nal
昔

その他のルール

名称	ルール	例
有声音化	「ㄱ、ㄷ、ㅂ、ㅈ」は語句のなかで濁る	イルボン 일본 日本
濃音化	「ㄱ、ㄷ、ㅂ、ㅈ」はつまるパッチムの後では濁らない	ハッキョ 학교 学校
流音化	「ㄹ」と隣り合う「ㄴ」は、「ㄹ」の発音に変わる	ヨルラク 연락 連絡
激音化	「ㅎ」の前後に「ㄱ、ㄷ、ㅂ、ㅈ」がくると、「ㅋ、ㅌ、ㅍ、ㅊ」になる	ペクァジョム 백화점 デパート
ㅎの弱化	「ㄴ、ㄹ、ㅁ、ㅇ」パッチムの後ろの「ㅎ」は、ほとんど発音されない	チョヌァ 전화 電話
口蓋音化	「ㄷ、ㅌ」パッチムの後ろに「이、여」がくると、発音が「ㅈ、ㅊ」になる	カチ 같이 いっしょに
流音の鼻音化	「ㄱ、ㅂ、ㅇ、ㅁ」パッチムの後ろの「ㄹ」は「ㄴ」の発音に変わる	トンニプ 독립 独立

DL 1_08

韓国語の文法

韓国語は日本語に最も近い外国語です。

日本語と
韓国語って
そっくりなんですね。
そうです。
どこが似ているのか
具体的に見ていきましょう。

韓国語と日本語の共通点

韓国語の文法は日本語にとてもよく似ており、語順もそっくりです。また、ハングルは、もとは漢字語だったものが多く、音も似ていて、語彙を増やすことも意外と簡単にできます。

漢字語由来のハングル

韓国語の単語の約70%は漢字が元になっていると言われています。そのため、日本と発音が似ている単語もたくさんあります。

例

カジョク 가족 家族	ヤクソク 약속 約束	ケサン 계산 計算

文法と語順

多くの場合、韓国語と日本語では語順は同じです。

チョヌン　イルボニニムニダ
저는 일본인입니다.
わたしは日本人です。

チョヌン　フェサウォニムニダ
저는 회사원입니다.
わたしは会社員です。

疑問文にするには？

疑問文にするには肯定文の最後に？をつけ、文末のアクセントを上げます。

例

肯定文	疑問文
ク チョッ コエヨ 그 쪽 거에요. そちらの方のものです。	ク チョッ コエヨ 그 쪽 거에요? そちらの方のものですか？

＊ハムニダ体（→ p.36）の場合は、文末が -ㅂ니다（ウムニダ）・-습니다（スムニダ）から -ㅂ니까？（ウムニカ）・-습니까？（スムニカ）に変わります。

否定文にするには？

①名詞の後につく否定 -이（イ）／ -가（ガ） 아니에요（アニエヨ）

名詞の否定は、名詞の最後にパッチムがあるときは、-이 아니에요（イ アニエヨ）、ないときは -가 아니에요（ガ アニエヨ）になります。

例

名詞の最後にパッチムがある場合	名詞の最後にパッチムがない場合
ハクセンイ アニエヨ 학생이 아니에요. 学生ではありません。	ヨリサガ アニエヨ 요리사가 아니에요. 料理人ではありません。

②動詞や形容詞の前につける一語 안（アン）

動詞や形容詞の否定は直前に안（アン）を置きます。

例

肯定文	否定文
カヨ 가요. 行きます。	アン ガヨ 안 가요. 行きません。

③動詞や形容詞の語幹につく否定 -지（チ） 않아요（アナヨ）

日本語と同じく、語尾につく長い形の否定もあります。

例

肯定文	否定文
カヨ 가요. 行きます。	カジ アナヨ 가지 않아요. 行きません。

DL 1_09

韓国語の助詞

韓国語には日本語と同じように「てにをは」があります。

韓国語と日本語のてにをはの使い方はそっくりだよ。

語順も同じで、「てにをは」もあるので、韓国語の文章を組み立てるのはカンタンそうね。

韓国語のおもな助詞

韓国語にも日本語と同じように助詞があります。ただし、同じ意味でも直前にパッチムがあるかないかで使う助詞が変わることがあるので、注意です。おもな助詞の意味と使い方を見てみましょう。

①～は＝ -는(ヌン) /-은(ウン)

日本語の「～は」とほぼ同じ意味です。直前にパッチムがないときは -는(ヌン)を、パッチムがあるときは -은(ウン)を使います。

チョヌン ハクセンイムニダ
저는 학생입니다.
わたしは学生です。

オヌルン イリョイリムニダ
오늘은 일요일입니다.
今日は日曜日です。

②～が＝ -가(ガ) /-이(イ)

日本語の「～が」にあたる助詞です。直前にパッチムがないときは -가(ガ)を、パッチムがあるときは -이(イ)を使います。

アイガ ウッスムニダ
아이가 웃습니다.
子どもが笑います。

オルニ ウムニダ
어른이 웁니다.
大人が泣きます。

③～を＝ -를 /-을

日本語の「～を」にあたる助詞です。直前にパッチムがないときは -를を、パッチムがあるときは -을を使います。

コンブルル　ハムニダ
공부를 합니다.
勉強をします。

ムルル　マシムニダ
물을 마십니다.
水を飲みます。

④～と＝ -하고（-와 /-과）

「～と～」いうように２つ以上の単語をつなげるときに使う助詞です。話し言葉では -하고を、書き言葉では -와や -과が使われます。

サグァハゴ　ペ
사과하고 배
リンゴと梨

⑤～に＝ -에

場所を示して、「～に」と言うときは -에を使います。

ピョンウォネ　カヨ
병원에 가요.
病院に行きます。

⑥～で＝ -에서

場所を示して、「～で」という場合は -에서を使います。

チベソ　シュィムニダ
집에서 쉽니다.
家で休みます。

⑦～で＝ -로 /-으로

手段を示して、「～で」という場合は -로 /-으로を使います。

チョヌァロ　イェギハプシダ
전화로 얘기합시다.
電話で話しましょう。

チョッカラグロ　モゴヨ
젓가락으로 먹어요.
箸で食べます。

ほかにもたくさんの助詞があるので、勉強しながら覚えていきましょう。

DL 1_10

韓国語のことばづかい

韓国語は相手との関係性によって、文体が変わります。

韓国語にも丁寧語はありますか？

はい、目上の人に対しては丁寧な語尾を使って話します。

韓国語の文体

話している相手が目上か・目下か、また親しさの度合いによって6種類の文体があり、丁寧さが異なります。ここでは、そのうち一般的によく使う4つについて解説します。

①ハムニダ体

もっとも丁寧で硬い文体で、語尾が「～(ス)ムニダ」となります。目上の人に対して使います。

チュカハムニダ **축하합니다.** おめでとうございます。	コマプスムニダ **고맙습니다.** ありがとうございます。

②ヘヨ体

丁寧ではありますが、親しみのある表現で、語尾が「～ヨ」となります。

チュカヘヨ **축하해요.** おめでとうございます。	コマウォヨ **고마워요.** ありがとうございます。

③ヘ体（パンマル）

親しい人や目下の人に対して使い、基本的にヘヨ体のヨをとった形の語尾になります。これはパンマルと言い、日本語のため口にあたる表現です。

チュカヘ
축하해.
おめでとう。

コマウォ
고마워.
ありがとう。

④ハンダ体

親しい人や目下の人に対して使う、フランクな言い方です。また書き言葉でも一般的に使われます。

チュカハンダ
축하한다.
おめでとう。

コマプタ
고맙다.
ありがとう。

韓国語のです・ます

文章をつくる際に基本となる「～です」「～ます」という表現をマスターしましょう。

①名詞＋입니다（イムニダ）〔에요（エヨ） / 이에요（イエヨ）〕

日本語の「～です」にあたる文章は、ハムニダ体では名詞の後に -입니다（イムニダ）を、ヘヨ体では -에요（エヨ）あるいは -이에요（イエヨ）をつけてつくります。くわしい使い方は、p.64、p.66 で学びます。

②動詞や形容詞の語幹＋ㅂ니다（ムニダ） / 습니다（スムニダ）〔아요（アヨ） / 어요（オヨ）〕

韓国語の動詞や形容詞は日本語と同じく活用しますが、活用しても変わらない部分を語幹、変化する部分を活用語尾と言います。

日本語の「～ます」にあたる文章は、ハムニダ体では動詞・形容詞の語幹の後に -ㅂ니다（ムニダ）あるいは -습니다（スムニダ）を、ヘヨ体では -아요（アヨ） /-어요（オヨ）をつけてつくります。
くわしい使い方は、p.72 で学びます。

ちなみに活用する前の動詞・形容詞の辞書形は「-다（ダ）」の形をしています。

これで韓国語を話す準備は整ったよ。
次のステップからどんどん語彙とフレーズを
増やしていこう！

Step1 で学習した文字と発音、文法事項を
練習問題で確認してみましょう。

1. 次のハングルを読んでみましょう。

❶우리（わたしたち） ❷모자（帽子） ❸나비（ちょうちょう）

【　　　】 【　　　】 【　　　】

2. 次の日本語をハングルをなぞって書いてみましょう。

❶カグ（家具） ❷ソラ（サザエ） ❸ウィジャ（椅子）

【　가구　】 【　소라　】 【　의자　】

3. 次のハングルは韓国料理の名前です。ハングルを読んでその意味を書いてみましょう。

❶비빔밥 ❷김치 ❸지짐이

【　　　】 【　　　】 【　　　】

4. 次の下線の単語の正しい読み方を［　］の３つの中から選び、○をつけましょう。

❶누구［ヌク、ヌギュ、ヌグ］세요?（セヨ）
（誰ですか?）

❷숟가락［スッカラク、スツカラク、スツガラク］주세요.（チュセヨ）
（スプーンをください。）

❸이거（イゴ） 맞아요［マジャヨ、マチャヨ、マサヨ］.
（これはそのとおりですよ。）

❹밥이［パビ、パピ、パプイ］에요.（エヨ）
（ご飯です。）

解答と解説

1. ❶ウリ　❷モジャ　❸ナビ

ハングルは子音と母音の組み合わせで発音します。基本的な読み方のルールをp.14-p.31でしっかり覚えましょう。なお、❷の모자は韓国語では2文字ですが、日本語にすると「モジャ」のように3文字になります。韓国語のように子音+母音の組み立て式の文字でない日本語は、韓国語を文字で表すときに、「자→ジャ」のようにいくつかの文字を合わせるしかないのです。

2. ❶가구　❷소라　❸의자

❶のカグは가구、「家具」の意味です。子音が冒頭にあるときは強めに発音するので「カ」です。二番目の「구」は前の文字が母音で終わるために濁って「グ」になります。❸の의자の「의」は合成母音です。語頭に来たときはウィと読みます。語中・語尾では「イ」、また名詞同士をつないで「〜の」という意味の場合は「エ」と発音するので注意が必要です（→ p.25）。

3. ❶ビビンバ　❷キムチ　❸チヂミ

発音するときにはパッチムに気をつけましょう。❷の비빔밥の「밥」には音がつまるパッチムが（→ p.28）、❷김치の「김」には音が鼻に響くパッチムがあります（→ p.28）。また、❸の지짐이に含まれる「짐」のパッチムは後ろにㅇがあるで、発音が後ろに移ります（→ p.30）。

4. ❶ヌグ　❷スッカラク　❸マジャヨ　❹パビ

❶ハングルには清音（ク）と濁音（グ）の区別がありません。どちらの発音になるかを覚えましょう。
❷숟가락の「숟」には音がつまるパッチムがあります（→ p.28）。
❸ㅈは語頭ではチャ、語中ではジャになります（→ p.19）。
❹밥のパッチムの後ろにㅇがあるで、発音が後ろに移ります（→ p.30）。

韓国語らしい発音ができるように
何度も練習しましょうね。

練習問題

5. 次の文の中に入る正しい助詞を［　］の３つの中から選び、○をつけましょう。

❶우리 [는 , 를 , 와] 갑니다.
（わたしたちたちは行きます。）

❷학교 [에 , 헤 , 에서] 공부합니다.
（学校で勉強します。）

❸물 [을 , 를 , 은] 마시고 싶어요.
（水を飲みたいです。）

6. 次の肯定文と疑問文の語尾として正しいものを、［　］の中から選び○をつけましょう。

❶오늘은 일요일 [이읍니다 , 입니다 , 이습니다].
（今日は日曜日です。）

❷내일 [바쁩니까 , 바쁘습니까 , 바쁨니까]?
（明日は忙しいですか?）

7. ［　］の３つの中から選び、次の否定の文を正しく完成しましょう。

❶저는 학생 [이 , 가 , 은] 아닙니다.
（わたしは学生ではありません。）

❷교회 [이 , 가 , 은] 아닙니다.
（教会ではありません。）

❸학교는 [몰 , 안 , 아뇨] 갑니다.
（学校は行きません。）

韓国語の文法の基本は
p.32-37 で確認してね。

解答と解説

5. ❶ [는] 우리는(ウリヌン) 갑니다(カムニダ).

「～は」にあてはまる助詞は、-은(ウン) /-는(ヌン)です。ここでは直前にパッチムがないので、는(ヌン)を使います。

❷ [에서] 학교에서(ハッキョエソ) 공부합니다(コンブハムニダ).

場所を示して「～で」と言う場合は、助詞 -에서(エソ)を使います。なお、手段を示して「～で」と言う場合は -로(ロ) /-으로(ウロ)を使います。

❸ [을] 물을(ムルル) 마시고(マシゴ) 싶어요(シポヨ).

「～を」にあてはまる助詞は、-를(ルル) /-을(ウル)です。ここでは直前にパッチムがあるので、-을(ウル)を使います。

6. ❶ [입니다] 오늘은(オヌルン) 일요일입니다(イリョイリムニダ).

イムニダ体で「～です」と言うには -입니다(イムニダ)と言います。

❷ [바쁩니까] 내일(ネイル) 바쁩니까(パップムニッカ)?

疑問文にするにヘヨ体の場合は文末の最後に？をつけますが、ハムニダ体の場合は、-ㅂ니까(ウムニカ)？または -습니까(スムニカ)？になります。

7. ❶ [이] 저는(チョヌン) 학생이(ハクセンイ) 아닙니다(アニムニダ).

名詞を否定するときは、《名詞＋가(ガ) 아닙니다(アニムニダ)》または《名詞＋이(イ) 아닙니다(アニムニダ)》になります。ここでは直前にパッチムがあるので -이(イ) 아닙니다(アニムニダ)を使います（→ p.33）。

❷ [가] 교회가(キョフェガ) 아닙니다(アニムニダ).

❶と同じ名詞を否定する文ですが、パッチムがないので、-가(ガ) 아닙니다(アニムニダ)を使います。

❸ [안] 학교는(ハッキョヌン) 안(アン) 갑니다(ガムニダ).

形容詞や動詞を否定するには、動詞や形容詞の前に안(アン)をつけます。

韓国語の数字には、漢数詞と固有数詞があります。
数えるものによって使い分けましょう。

漢数詞

漢数詞は年月日や金額などを数えるのに使います。

イル 일 1	イ 이 2	サム 삼 3	サ 사 4	オ 오 5	ユク 육 6	チル 칠 7	パル 팔 8	ク 구 9	シプ 십 10

・1 ～ 10 までは暗記しましょう。
・11 以上は大きい桁から順に読みます。(例) 21　이십일 (イシビル)
・ただし、6は2桁以上になった場合、ニュクと発音します。(例) 16　십육 (シムニュク)

ペク 백 百	チョン 천 千	マン 만 万	オク 억 億	チョ 조 兆

固有数詞

固有数詞は、日本語の「1つ」「2つ」にあたる数え方です。年齢、人数、個数などを数える際に使います。

ハナ 하나 1つ	トゥル 둘 2つ	セッ 셋 3つ	ネッ 넷 4つ	タソッ 다섯 5つ	ヨソッ 여섯 6つ	イルゴプ 일곱 7つ	ヨドル 여덟 8つ	アホプ 아홉 9つ	ヨル 열 10

・하나 (ハナ) は単位がつくと한 (ハン) になります。(例) 1個　한 개 (ハンゲ)
・둘 (トゥル) は単位がつくと두 (トゥ) になります。(例) 2名　두 명 (トゥミョン)
・셋 (セッ) は単位がつくと세 (セ) になります。(例) 3本　세 병 (セビョン)
・넷 (ネッ) は単位がつくと네 (ネ) になります。(例) 4枚　네 장 (ネジャン)

固有数詞は 99 まであります。
それ以上は全て漢数詞を使います。

STEP 2

そのまま覚えればOK!
すぐに使えるあいさつ

DL 2_01

基本のあいさつ

すべてのキホンは「アンニョン」です。

アンニョンハセヨ
안녕하세요?
おはようございます。
／こんにちは。／こんばんは。

アンニョンハシムニッカ
안녕하십니까?
おはようございます。
／こんにちは。／こんばんは。

안녕（アンニョン）は「安らか」という意味で、韓国語のあいさつの基本となることばです。하세요?（ハセヨ）は親しみやすい丁寧な語尾、하십니까?（ハシムニッカ）は硬めの丁寧な語尾です。韓国では、朝・昼・晩の区別なくこの表現を使います。

アンニョンヒ　チュムセヨ
안녕히 주무세요.
おやすみなさい。

「おやすみなさい」には、《잘 자요.》（チャル　ジャヨ）という表現もあります。

タニョオゲッスムニダ
다녀오겠습니다.
行ってきます。

より親しみをこめてに言うときは、《다녀오겠어요.》（タニョオゲッソヨ）と言います。

タニョワッソヨ
다녀왔어요.
ただいま。

より丁寧に言うときは、《다녀왔습니다.》（タニョワッスムニダ）と言います。

オソ　オセヨ
어서 오세요.
おかえりなさい。

より丁寧に言うときは、《어서 오십시오.》（オソ　オシプシヨ）と言います。「いらっしゃいませ」と言うときにも使える表現です。

DL
2_02

初対面のあいさつ

発音に自信がなくても、大きな声であいさつしましょう！

チョウム　ペプケッスムニダ
처음 뵙겠습니다.
チョヌン　ホンダラゴ　ハムニダ
저는 혼다라고 합니다.
はじめまして。
わたしは本田と申します。

チョヌン
저는
パギナイムニダ
박인하입니다.
わたしはパク・インハです。

처음は「はじめて」、뵙겠습니다は「お目にかかります」というとても丁寧な表現です。名前の後につける -라고 합니다(～ラゴ　ハムニダ）という語尾は、日本語の「～と申します」に当たります。

名前＋입니다（イムニダ）という言い方でも「～です」と自己紹介できます。

マンナソ　パンガウォヨ
만나서 반가워요.
お会いできてうれしいです。

出会いの喜びを伝えることも忘れないようにしましょう。握手するときは、左手を右手のひじあたりに添えるとよいでしょう。

チャル　プタケヨ
잘 부탁해요.
よろしくおねがいします。

さらに硬く丁寧な表現に《잘 부탁합니다.》（チャル プタカムニダ）があります。ただし、親しい間柄で使われると他人行儀にとられることもあります。

マン　スムサリムニダ
만 20살입니다.
満20歳です。

韓国では数え年で年齢を言います。日本では満年齢を使うので、自分の年齢をそのまま伝えるときは만（マン）をつけましょう。

DL 2_03

別れのあいさつ

韓国語には去る人、残る人、それぞれの「さようなら」があります。

アンニョンヒ　ゲセヨ
안녕히 계세요!
さようなら！

残る人に対して「安寧にいてください」という表現で、계세요（ケセヨ）は「いらっしゃる」の意味です。

クレヨ　チャル　ガヨ
그래요. 잘 가요.
ええ、気をつけて。

去る人に対して「気をつけて行ってください」という表現です。なお、그래요（クレヨ）は親しみがある相づちです。

クロム チャ リッソヨ
그럼 잘 있어요.
ああ、お元気で。

残る人に対して「元気でいてほしい」と願うあいさつです。

アンニョンヒ ガセヨ
안녕히 가세요.
さようなら。

去る人に対して「何事もなく無事に帰ってほしい」と願う表現です。手のひらを下にして、上下に振ると、「わたしのことは気にせずに行ってください」というジェスチャーになります。

ト マンナヨ
또 만나요.
また会いましょう。

또（ト）は、「また、ふたたび」を意味する副詞、만나요（マンナヨ）は「会いましょう」の意味です。

ト ベプケッスムニダ
또 뵙겠습니다.
また、お目にかかります。

뵙다（ベプタ）は、「お目にかかる」の意味です。또 만나요（ト マンナヨ）より丁寧な表現で、目上の方には必ずこの表現にしてください。

DL 2_04

再会のあいさつ

韓国の人たちは一度のご縁も大切にして、再会を喜びます。

久しぶりに会えたことを喜ぶ表現です。語尾(イムニダ)は硬く丁寧な表現で、女性も使わないことはありませんが、男性が多く使います。

オレガンマニムニダ
오래간만입니다.
お久しぶりです。

アイゴ　オレガンマニエヨ
아이고! 오래간만이에요.
あら！ お久しぶりです。

아이고（アイゴ）は、うれしさを表す感情表現として多く用いられます。また、語尾を요（ヨ）にすると、親しみやすい丁寧な表現として好まれます。

タシ　マンナソ　パンガウォヨ
다시 만나서 반가워요.
また、会えてうれしいです。

若者の間では반가워요（パンガウォヨ）を반가（パンガ）や、반가반가（パンガパンガ）と言ったりもします。

ポゴ　シポッソヨ
보고 싶었어요.
会いたかったです。

日本語ではちょっと照れくさいかもしれませんが、韓国語では積極的に言ってみると良いでしょう。

アンニョンハショッソヨ
안녕하셨어요?
お元気でしたか？

「安寧でいらっしゃいましたか？」と会わなかった期間の様子を尋ねる表現です。目下の人には、《잘 지냈어요?》（チャル　チネッソヨ）という言い方もします。

ネ　チャル　チネッソヨ
네, 잘 지냈어요.
はい、元気でしたよ。

直訳すると「はい、良く過ごしました」の意味です。네（ネ）「はい」の代わりに、덕분에（トクプネ）「おかげさまで」と言うこともできます。

DL
2_05

返事のことば

韓国語では肯定も否定も直接的に表現することが多いです。

ネ
네.
はい。

一般的な肯定の返事です。네네네（ネネネ）と繰り返してもいいです。

イェ
예.
はい。ええ。

丁寧な表現です。目上の人に예예예（イェイェイェ）と繰り返せば、とてもかしこまった感じがします。

クレヨ
그래요.
うん、そうだね。

親しい間柄で使う肯定表現です。目下の人や仲のよい友達には、《그래.》（クレ）と言います。

アニョ
아뇨.
いいえ。

아니요（アニヨ）の短縮形で、どちらも丁寧で親しみのある表現です。さらに丁寧で改まった言い方に《아닙니다.》（アニムニダ）「ちがいます」があります。

アニヤ
아니야.
ちがうわ。

親しい人同士で使う表現です。《아니.》（アニ）「ちがう、いや」、《아니지.》（アニジ）「ちがうでしょう」という言い方もあわせて覚えましょう。

モルラヨ
몰라요.
わかりません。

わからないときはこう言いましょう。《못해요.》（モテヨ）「できません」も知っておくと役に立つでしょう。

DL 2_06

食事のあいさつ

韓国語で「いただきます」「ごちそうさま」と言ってみましょう。

チャル　モッケッスムニダ
잘 먹겠습니다.
いただきます。

食事に誘われたら、食べる前にこう言いましょう。男女、目上と目下の関係を問わず、このフレーズで通じます。

オソ　トゥセヨ
어서 드세요.
どうぞ、召し上がってください。

お客さんに「遠慮しないで食べてほしい」というもてなしの気持ちから、再三進めることがあります。

マシッソヨ
맛있어요.
おいしいです。

맛（マツ）は「味」、있어요（イッソヨ）は「あります」、つまり「美味しい」という表現です。

イベ マジャヨ
입에 맞아요.
口に合います。

このように一言そえると、おもてなししてくれた方が喜んでくれるでしょう。

チャル モゴッスムニダ
잘 먹었습니다.
ごちそうさまでした。

잘（チャル）は「よく」、먹다（モクタ）「食べる」＋었습니다（オッスムニダ）という過去形の語尾で、直訳すると「よく食べました」という意味です。

DL 2_07

感謝のことば

こころをこめて感謝の気持ちを伝えましょう。

カムサハムニダ
감사합니다.
感謝します。

チョンマネヨ
천만에요.
どういたしまして。

少し堅苦しい感じをあたえる言い方ですが、社会的な立場や格式を重んじる場面で使われます。

硬いニュアンスをもつ、お礼に対する返答です。

コマプスムニダ
고맙습니다.
ありがとうございます。

家族や友達など親しい人に対して使われます。なお、より親しみをこめたいときは、《고마워요.》（コマウォ）と言います。

アニエヨ
아니에요.
いいえ。

お礼に対して、「いえ、いえ」と軽く答えるときはこのように言いましょう。もっと硬いニュアンスにするには、《아닙니다.》（アニムニダ）と言います。

アニエヨ　ピョルマルッスムルリョ
아니에요. 별말씀을요.
いいえ。とんでもございません。

とても丁寧なお礼に対する返答です。

DL
2_08

おわびのことば

関係性や状況にあったおわびのことばを選んで使いましょう。

チェソンハムニダ
죄송합니다.
申し訳ございません。

仕事のことを目上の人に丁重におわびするときによく使われます。より親しみのある表現にするときは、《죄송해요.》（チェソンヘヨ）と言います。

ミアナムニダ
미안합니다.
ごめんなさい。

仕事で同僚や後輩に、プライベートで恋人や友達に謝るときに使う表現で、目上の人には使えません。

クェンチャンスムニダ
괜찮습니다.
かまいません。大丈夫です。

目上の人に使う丁寧な表現です。《괜찮아요.》（ケンチャナヨ）というと、親しみをこめた丁寧表現になります。また、ごく親しい間柄では、《괜찮아.》（ケンチャナ）と言います。

アニエヨ
아니에요.
かまいません。

軽く「かまわない」というときに使う表現です。親しみのある目上の人には《아뇨.》（アニョ）、目下の人や友達には《아냐.》（アニャ）と言います。

シンギョン　スジマ
신경 쓰지마.
気にしないで。

おわびの言葉を受けて「気にしないで」伝えたいときはこう言いましょう。

DL
2_09

お祝いのことば

祝福の気持ちをことばにして伝えましょう。

チュカヘヨ
축하해요.
おめでとうございます。

お祝いの定番表現です。友達や親しい関係に対して使えます。

センイル　チュカハムニダ
생일 축하합니다.
お誕生日おめでとうございます。

《축하합니다.》（チュカハムニダ）は、《축하해요.》（チュカヘヨ）に比べて硬くて丁寧な表現です。仕事関係や目上の人などに使います。

チョア　ボヨヨ
좋아 보여요.
いい顔をしていますね。

「相手の幸せが見える」というニュアンスをもつ祝福の表現です。仕事がうまくいっていたり、結婚して幸せになったりすると顔に出ると言われます。

ヘンボカセヨ
행복하세요.
お幸せにね。

相手の幸せを祈る表現です。結婚式やお祝いの席でよく使われます。

コンガンハセヨ
건강하세요.
どうかお元気で。

還暦を迎えた人に、「いつまでもお元気で」という願いをこめて伝えます。「長生きしてください」は《오래 사세요.》（オレ　サセヨ）と言います。

韓国語で日にちと曜日を言えるようになりましょう。
また、時間の使い方も覚えましょう。

月日の表し方

月日を表すには漢数詞のあとに、年、月、日をつけます。

ニョン 년 年	ウォル 월 月	イル 일 日

・たとえば、2017年1月1日なら、2017년 1월 1일になります。

曜日の表し方

ウォリョイル 월요일 月曜日	ファヨイル 화요일 火曜日	スヨイル 수요일 水曜日	モギョイル 목요일 木曜日	クミョイル 금요일 金曜日	トヨイル 토요일 土曜日	イリョイル 일요일 日曜日

時計の読み方

「～時」には固有数詞を、「～分」には漢数詞を使います。

固有数詞＋시（シ） 時	漢数詞＋분（プン） 分

・たとえば、2時10分は2시 10분（トゥシ　シップン）となります。
・～時半は반（バン）です。3時半は3시 반（セシ　バン）となります。
・午前は오전（オジョン）、午後は오후（オフ）と言います。

時間帯の表し方

アチム 아침 朝	ナッ 낮 昼	パム 밤 夜

STEP 3

押さえておきたい！
マストな超基本フレーズ

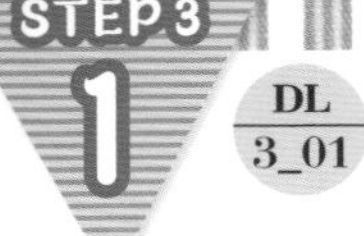

DL 3_01

◀自己紹介などで使う表現▶

～は～です。

チョ　ヌン　　タカハシ　　ハナイムニダ

저는 다카하시 하나입니다.

わたしは

高橋花

です

ちょっとだけ文法1

「わたしは～」と言うときの「は」にあたる助詞は、-는（ヌン）または -은（ウン）になります。どちらを使うかは、直前の名詞の最後のパッチムの有無で決まります。使い方は、日本語の「は」とほとんど同じです。

～は
- -는（ヌン） ◀••• 直前の名詞の最後にパッチムがないとき
- -은（ウン） ◀••• 直前の名詞の最後にパッチムがあるとき

ちょっとだけ文法2

日本語の「～です」にあたる韓国語は -입니다（イムニダ）です。硬く丁寧な印象をあたえる言い方になります。

～です　名詞+입니다（イムニダ）

なお、-입니다（イムニダ）は、「～である」を意味する -이다（イダ）の語幹 -이（イ）と、語尾にするための -ㅂ니다（ムニダ）ということばが組み合わさってできています。

～です　이다（イダ）+ ㅂ니다（ムニダ）= 입니다（イムニダ）

こんな場面で使います

Case 1

A

チョヌン　キムチャンミニムニダ
저는 김창민입니다.
わたしはキム・チャンミンです。

저는（チョヌン）は省略可能です。

B

チャル　プタカムニダ
잘 부탁합니다.
よろしくお願いします。

잘（チャル）は「よろしく」、부탁합니다（プタカムニダ）は「お願いします」という意味です。

Case 2

A

ハンググン　オンジェ　カムニッカ
한국은 언제 갑니까?
韓国はいつ行きますか?

한국（ハング）は「韓国」、언제（オンジェ）は「いつ」（→ p.82）、です。「行きますか？」は갑니까?（カムニッカ）です。

B

ネイル　カムニダ
내일 갑니다.
明日、行きます。

일（ネイル）は「明日」です。

ミニテスト☑

□に -는か -은を入れて文を完成させましょう。

❶ チュイミ　トゥンサニムニダ
취미 □ 등산입니다.
趣味は登山です。

❷ ヒョレキョン　ビヒョンイムニダ
혈액형 □ B형입니다.
血液型は B 型です。

答え：①는　②은

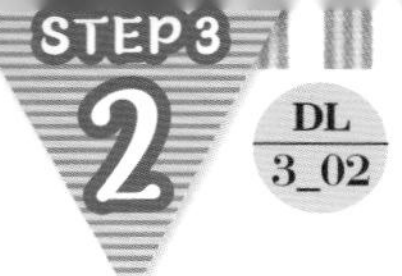

DL 3_02

◀親しみをこめた表現▶

～は～です。

趣味は何ですか？

チュィミガ　ムォエヨ
취미가 뭐에요?

主語　疑問詞　動詞

趣味は　何　ですか？

ちょっとだけ文法1

韓国語の場合、冒頭の会話の主語を表すには -가（ガ）または -이（イ）を使うことが多く、日本語では「～は（が）」と訳します。

～は（が）
- -가（ガ）◀… 直前の名詞の最後にパッチムがないとき
- -이（イ）◀… 直前の名詞の最後にパッチムがあるとき

なお、**-은（ウン）／-는（ヌン）**（→ p.64）と **-이（イ）／-가（ガ）**の使い分けは日本語の「～は」と「～が」の使い分けに似ていますが、微妙なニュアンスのちがいがあります。

ちょっとだけ文法2

日本語の「～です」にあたる韓国語は **-입니다（イムニダ）**（→ p.64）のほかに、-에요（エヨ）／-이에요（イエヨ）があります。丁寧ですが、**-입니다（イムニダ）**に比べて親しみのある表現です。

～です
- 名詞+에요（エヨ）◀… 直前の名詞の最後にパッチムがないとき
- 名詞+이에요（イエヨ）◀… 直前の名詞の最後にパッチムがあるとき

こんな場面で使います

Case 1

A
チュィミガ ムォエヨ
취미가 뭐에요?
趣味は何ですか？

「趣味」は취미（チュィミ）、「何ですか」は《뭐에요?》（ムォエヨ）と言います。

B
チェ チュィミヌン ヨリエヨ
제 취미는 요리에요.
わたしの趣味は料理です。

「料理」は요리（ヨリ）です。제（チェ）は「わたしの」という意味です。

Case 2

A
シルレジマン ヨギガ オディエヨ
실례지만 여기가 어디에요?
失礼ですが、ここはどこですか。

실례지만（シルレジマン）は「失礼ですが」という意味になります。「ここ」は여기（ヨギ）「どこ」は어디（オディ）（→ p.82）です。

B
ミョンドンイエヨ
명동이에요.
ミョンドンです。

명동（ミョンドン）は「明洞」です。パッチムがあるので、-이에요（イエヨ）になります。

ミニテスト☑

□に **-에요**か **-이에요**かを入れて文を完成させましょう。

チョヌン ハクセン
❶ **저는 학생□□□.**
わたしは学生です。

チュィミヌン トクソ
❷ **취미는 독서□□.**
趣味は読書です。

パッチムの有無に注意しましょう。

答え：①이에요 ②에요

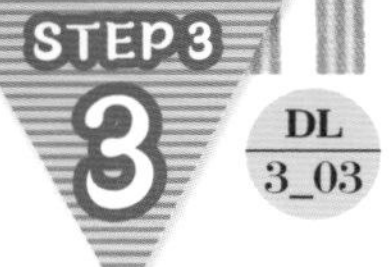

DL 3_03

◀否定の表現▶

～ではありません。

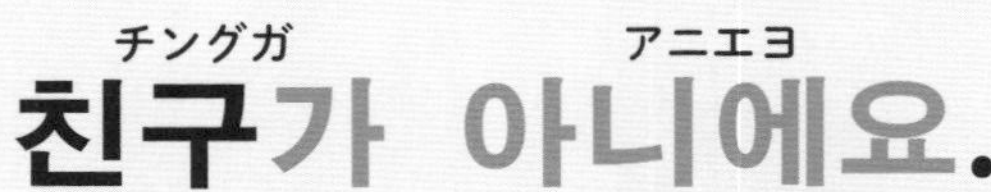

友達ではありません。

チングガ 아니에요

친구가 아니에요.

主語 → 友達では

否定の表現 → ありません

ちょっとだけ文法

日本語の「～ではありません」と言うとき、친구(チング)のように名詞の直前にパッチムがないときは、-가(ガ) 아니에요(アニエヨ)になり、パッチムがあるときには-이(イ) 아니에요(アニエヨ)となります。さらに丁寧にしたいときは、아니에요(アニエヨ)の部分を아닙니다(アニムニダ)にします。

～ではありません	名詞+가(ガ) 아니에요(アニエヨ)[아닙니다(アニムニダ)]	◀･･･ 直前の名詞の最後にパッチムがないとき
	名詞+이(イ) 아니에요(アニエヨ)[아닙니다(アニムニダ)]	◀･･･ 直前の名詞の最後にパッチムがあるとき

もうちょっとだけ文法

日本語の「～でいらっしゃいますか?」にあたる韓国語は-세요?(セヨ) ／ -이세요?(イセヨ)になります。疑問文の場合「?」を必ずつけ、発音するときは語尾のアクセントを上げます。

～でいらっしゃいますか?	名詞+세요?(セヨ)	◀･･･ 直前の名詞の最後にパッチムがないとき
	名詞+이세요?(イセヨ)	◀･･･ 直前の名詞の最後にパッチムがあるとき

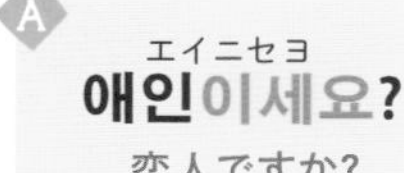

こんな場面で使います

▶▶▶Case 1

A
エイニセヨ
애인이세요?
恋人ですか?

애인（エイン）は漢字で書くと「愛人」になりますが、恋人の意味です。

B
アニョ　エイニ　アニエヨ
아뇨, 애인이 아니에요.
いいえ、恋人ではありません。

オッパエヨ
오빠에요.
お兄さんです。

아뇨（アニョ）は「いいえ」、오빠（オッパ）は「お兄さん」です。家族の言い方は（→ p.172）で確認しましょう。

▶▶▶Case 2

A
ハングクサラミセヨ
한국사람이세요?
韓国人ですか?

B
アニョ　ハングクサラミ　アニエヨ
아뇨, 한국사람이 아니에요.
いいえ、韓国人ではありません。

イルボンサラミエヨ
일본사람이에요.
日本人です。

「人」は사람（サラム）と言います。「韓国人」なら한국사람（ハングクサラム）、「日本人」なら일본사람（イルボンサラム）となります。

ミニテスト☑

□に -가 아니에요か -이 아니에요を入れて文を完成させましょう。

❶ ヌナ **누나**□ □□□□.
姉ではありません。

❷ ソンセンニム **선생님**□ □□□□.
先生ではありません。

パッチムの有無がポイントだよ。

答え：①가 아니에요　②이 아니에요

DL 3_04

◀存在を表す表現▶

～がいます。／～があります。

今日、約束があります。

オヌル　ヤクソギ　イッソヨ
오늘 약속이 있어요.

主語　存在を表す表現

今日　約束が　あります

ちょっとだけ文法

韓国語では、存在を表すのに、日本語のように、「います」や「あります」のような区別はなく、どちらの場合も있어요（イッソヨ）を使います。さらに丁寧にしたい場合は、있습니다（イッスムニダ）を使います。

～がいます／あります　名詞+가(이)（ガ イ）+있어요［있습니다］（イッソヨ イッスムニダ）

もうちょっとだけ文法

存在を否定して、「いません」や「ありません」という場合は、없어요（オプソヨ）を使います。さらに丁寧にしたい場合は、없습니다（オプスムニダ）を使います。

～がいません／ありません　名詞+가(이)（ガ イ）+없어요［없습니다］（オプソヨ オプスムニダ）

こんな場面で使います

Case 1

A
トンジョン イッソヨ
동전 있어요?
小銭はありますか？

동전（トンジョン）は「硬貨」の意味です。

B
ペグォンッチャリ バッケ オプソヨ
백원짜리 밖에 없어요.
百ウォン硬貨しかありません。

백（ペク）は「百」、원（ウォン）は「ウォン」を意味し、짜리（チャリ）は「硬貨や札」のような貨幣価値を表します。밖에（パッケ）は、日本語の「〜しか（ない）」と似ています。

Case 2

A
チグム シガン イッスセヨ
지금 시간 있으세요?
今、時間がありますか？

지금（チグム）は「今」、시간（シガン）は「時間」です。있으세요？（イッスセヨ）は있어요？（イッソヨ）の丁寧な形です。

B
オットカジョ チョニョ オプソヨ
어떡하죠? 전혀 없어요.
どうしましょう！ まったくないんです。

《어떡하죠？》（オトカジョ）は「どうしましょう」、전혀（チョニョ）は「まったく、全然」という意味です。

ミニテスト □に**있어요**か**없어요**を入れて文を完成させましょう。

チガビ
❶ **지갑이** □□□.
財布がありません。

チョンイガ
❷ **종이가** □□□.
紙があります。

答え：①**없어요** ②**있어요**

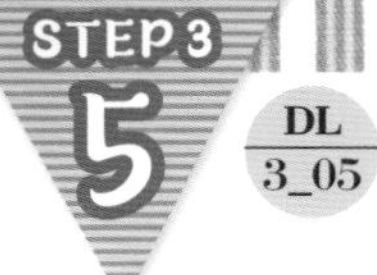

DL 3_05

◀することについての表現▶

～します。

韓国語を勉強します。

ハングンマルル　コンブハムニダ
한국말을 공부합니다.

↓

韓国語を

動詞

↓

勉強します

ちょっとだけ文法 1

「～を」にあたる韓国語の助詞は、-를(ルル)／-을(ウル)です。

～を	-를(ルル)	◀･･･ 直前の名詞の最後にパッチムがないとき
	-을(ウル)	◀･･･ 直前の名詞の最後にパッチムがあるとき

ちょっとだけ文法 2

「～です」、「～ます」にあたる韓国語は、-ㅂ니다(ムニダ)/-습니다(スムニダ)あるいは-아요(アヨ)/-어요(オヨ)です。

～します	動詞の語幹+ㅂ니다(ムニダ)	◀･･･ 動詞の語幹の最後にパッチムがないとき
	動詞の語幹+습니다(スムニダ)	◀･･･ 動詞の語幹の最後にパッチムがあるとき
	動詞の語幹+아요(アヨ)	◀･･･ 動詞の語幹の最後の母音がㅗ、ㅏのとき
	動詞の語幹+어요(オヨ)	◀･･･ 動詞の語幹の最後の母音がㅗ、ㅏ以外のとき

＊なお、「～する」の辞書形하다(ハダ)とㅂ니다(ムニダ)がいっしょになると합니다(ハムニダ)に、아요(アヨ)といっしょになる해요(ヘヨ)となります。

こんな場面で使います

Case 1

ハングンニョリルル チョアハセヨ
한국요리를 좋아하세요?
韓国料理は好きですか？

한국요리（ハングンニョリ）は「韓国料理」、「好きだ」は좋아하다（チョアハダ）と言います。《動詞の語幹＋하세요（ハセヨ）?》の形で「～ですか？」という意味になります。

ネ アジュ チョアヘヨ
네, 아주 좋아해요.
はい、とても好きです。

네（ネ）は「はい」、아주（アジュ）は「とても」の意味です。

Case 2

チャジュ チョヌァ プタカムニダ
자주 전화 부탁합니다.
しょっちゅう電話してください。

자주（チャジュ）は「たびたび、頻繁に」전화（チョヌァ）は「電話」、《부탁합니다》（プタカムニダ）は「お願いします」の意味です。

ネ ヨルラカゲッスムニダ
네, 연락하겠습니다.
はい、ご連絡します。

「連絡する」を意味する연락하다（ヨルラカダ）に、意思を表す語尾、겠（ケッ）をつけると、あることを積極的に行う意思表示の意味になります。

ミニテスト☑ □に -을 か -를を入れて文を完成させましょう。

❶ イブォン ハムニダ
입원□ 합니다.
入院をします。

❷ アクス ハムニダ
악수□ 합니다.
握手をします。

答え：①을　②를

DL 3_06

◀可能の表現▶

～できます。

これ、できますか?

イゴ ハル ス イッソヨ

이거 할 수 있어요?

이거	할	수 있어요?
指示代名詞	動詞	可能の表現
これ、	でき	ますか?

ちょっとだけ文法

「～できます」と言うときの可能形は -ㄹ 수 있어요(ル ス イッソヨ)になります。ただし、直前にある動詞の語幹の最後がパッチムであれば、-을 수 있어요(ウル ス イッソヨ)になります。より硬い表現にしたい場合は、**있어요**(イッソヨ)の部分を있습니다(イッスムニダ)にしましょう。

～できます	動詞の語幹+ㄹ 수 있어요〔있습니다〕(ル ス イッソヨ イッスムニダ)	◀… 動詞の語幹の最後にパッチムがない場合
	動詞の語幹+을 수 있어요〔있습니다〕(ウル ス イッソヨ イッスムニダ)	◀… 動詞の語幹の最後にパッチムがある場合

もうちょっとだけ文法

「～できません」と言うときの不可能形は、-ㄹ 수 없어요(ル ス オプソヨ)になります。ただし、直前にある動詞の最後がパッチムであれば、-을 수 없어요(ウル ス オプソヨ)になります。より硬い表現にしたい場合は、**없어요**(オプソヨ)の部分を없습니다(オプスムニダ)にしましょう。

～できません	動詞の語幹+ㄹ 수 없어요〔없습니다〕(ル ス オプソヨ オプスムニダ)	◀… 動詞の語幹の最後にパッチムがない場合
	動詞の語幹+을 수 없어요〔없습니다〕(ウル ス オプソヨ オプスムニダ)	◀… 動詞の語幹の最後にパッチムがある場合

こんな場面で使います

Case 1

A

ネイルッカジ クンネル ス イッソヨ
내일까지 끝낼 수 있어요?
明日までに終えることができますか?

내일（ネイル）は明日、까지（カジ）は「～まで」、「終える」は끝낸다（クンネタ）と言います。

B

アニョ モッ クンネヨ
아뇨, 못 끝내요.
いいえ、終えることはできません。

不可能形の場合、動詞の前に못（モッ）を置く形もあり、非常によく使われます。

Case 2

A

カチ カル ス イッソヨ
같이 갈 수 있어요?
いっしょに行けますか?

같이（カチ）は「いっしょに」、간다（カンタ）は「行く」です。

B

チェソンヘヨ カル ス オプソヨ
죄송해요. 갈 수 없어요.
すみません。行けません。

《죄송해요》（チェソンヘヨ）は「すみません」という意味です。

ミニテスト☑ 次の動詞を可能形にしましょう。

❶ ポダ **보다** → □ ス イッソヨ **수 있어요.**
見る→見ることができます。

❷ モクタ **먹다** → □□ ス イッソヨ **수 있어요.**
食べる→食べることができます。

動詞の語幹にパッチムがあるかどうかで形がちがいます。

答え：①볼 ②먹을

DL 3_07

◀未来についての表現▶

～するつもりです。

必ず連絡するつもりです。

必ず　連絡する　つもり　です

ちょっとだけ文法

「～するつもりです」という未来についての表現は −ㄹ(ル) 거에요(コエヨ)になります。ただし、直前にある動詞の最後がパッチムであれば、−을(ウル) 거에요(コエヨ)になります。

～するつもりです	
動詞の語幹＋ㄹ(ル) 거에요(コエヨ)	◀・・・直前の動詞の最後がパッチムでないとき
動詞の語幹＋을(ウル) 거에요(コエヨ)	◀・・・直前の動詞の最後がパッチムのとき

もうちょっとだけ文法

未来についての表現はほかにも「～する予定です」があり、−ㄹ(ル) 예정이에요(イェジョンイエヨ)になります。ただし、直前にある動詞の最後がパッチムであれば、−을(ウル) 예정이에요(イェジョンイエヨ)になります。

～する予定です	
動詞の語幹＋ㄹ(ル) 예정이에요(イェジョンイエヨ)	◀・・・直前の動詞の最後がパッチムでないとき
動詞の語幹＋을(ウル) 예정이에요(イェジョンイエヨ)	◀・・・直前の動詞の最後がパッチムのとき

こんな場面で使います

▶▶▶Case 1

Ⓐ
トヨイレヌン　ヨンワルル　ポル　コエヨ
토요일에는 영화를 볼 거에요.
土曜日には映画を見るつもりです。

토요일（トヨイル）は「土曜日」、-에는（エヌン）は「～には」、영화（ヨンワ）は「映画」、보다（ポダ）は「見る」です。

Ⓑ
チョド　カゴ　シポヨ
저도 가고 싶어요.
わたしも行きたいです。

저（チョ）は「わたし」、-도（ト）は「～も」、가다（カダ）は「行く」です。《-고 싶어요》(～コ　シポヨ)は、「～したいです」という意味です。

▶▶▶Case 2

Ⓐ
ネニョネ　ハングゲ　ユハカル　イェジョンイエヨ
내년에 한국에 유학할 예정이에요.
来年、韓国に留学する予定です。

내년（ネニョン）「来年」、한국（ハング）は「韓国」、유학하다（ユハカダ）は「留学する」です。

Ⓑ
ワ　プロプタ
와, 부럽다.
わ～、うらやましい。

와（ワ）は「わ～、すごい」という意味の感嘆詞です。부럽다（プロプタ）は、形容詞の「うらやましい」の意味です。

ミニテスト☑ 次の動詞を未来についての表現にしましょう。

❶ ヘオジダ　**헤어지다** → ヘオ **헤어□** コエヨ **거에요.**
別れる → 別れるつもりです。

❷ イッタ　**잊다** → イッ **잊□** コエヨ **거에요.**
忘れる → 忘れるつもりです。

答え：①**질**　②**을**

◀敬語表現▶

～いらっしゃる。

どのようになっていらっしゃいますか？

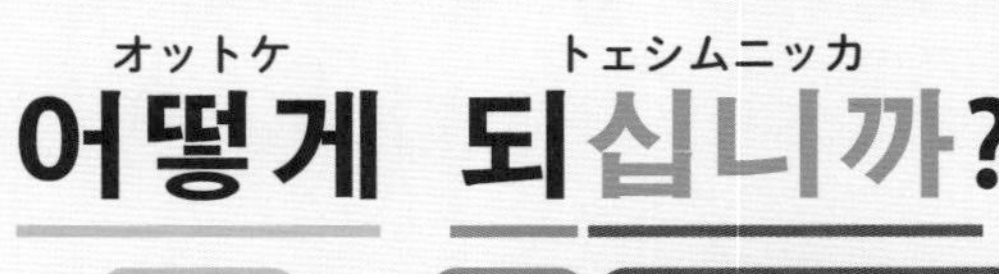

オットケ
어떻게
トェシムニッカ
되십니까?

疑問詞　動詞　疑問形の敬語語尾

どのように　なって　いらっしゃいますか？

ちょっとだけ文法

韓国語の敬語表現は、語幹＋시（シ）をつけることが多いです。

～なる	辞書形　되다（トェダ）
～なっていらっしゃる	敬語表現　되시다（トェシダ）

また、丁寧な言い方の「です・ます」形にするには、-십니다（シムニダ）／ -으십니다（ウシムニダ）の形にします。親しみをこめた表現の場合は、-세요（セヨ）／ -으세요（ウセヨ）(→ p.68)を使いましょう。

～なっていらっしゃいます	-십니다（シムニダ）[세요（セヨ）]	◀･･･動詞の語幹にパッチムがない場合
	-으십니다（ウシムニダ）[으세요（ウセヨ）]	◀･･･動詞の語幹にパッチムがある場合

また、日本語同様、敬語になると形そのものが変わる動詞もあります。

있다（イッタ）「いる」→ 계시다（ケシダ）「いらっしゃる」
먹다（モクタ）「食べる」→ 드시다（トゥシダ）「召し上がる」

こんな場面で使います

▶▶▶Case 1

A

シルレジマン　クァンゲガ　オットケ　トェシムニッカ
실례지만 관계가 어떻게 되십니까?
失礼ですが、どういうご関係ですか。

관계（クァンゲ）は「関係」《어떻게 되십니까?》（オットケ　トェシムニッカ）は「どのようでらっしゃいますか」という意味です。

B

チェ　アボニミシムニダ
제 아버님이십니다.
わたしの父です。
（わたしのお父様でいらっしゃいます。）

아버님（アボニム）は「お父様」です。韓国語では身内でも年長者は敬語で表します。

▶▶▶Case 2

A

ソンハミ　オットケ　トェセヨ
성함이 어떻게 되세요?
お名前は何ですか?

성함（ソンハム）は「お名前」です。丁寧に尋ねる《어떻게 되세요?》（オットケ トェセヨ）という聞き方は、よく使います。

B

チョヌン　イノウエ　アイイムニダ
저는 이노우에 아이입니다.
わたしは井上愛です。

ミニテスト☑　□に **-십니다**か **-으십니다**を入れて文を完成させましょう。

ウリ　オモニミ
❶ **우리 어머님이** □□□.
わたしの母です。（わたしのお母様でいらっしゃいます。）

チェグル　イク
❷ **책을 읽**□□□□.
本をお読みになります。

自分のお母さんにも敬語を使うんだよ。

答え：①**십니다**　②**으십니다**

DL 3_09

◀過去形▶

〜しました。

いついらっしゃいましたか？

オンジェ　オショッソヨ
언제 오셨어요?

疑問詞 → いつ
動詞 → いらっしゃい
過去を表す語尾 → ましたか?

いつ　いらっしゃい　ましたか?

ちょっとだけ文法 1

韓国語では、動詞や形容詞の敬語形の過去形がパターン化されていて覚えやすいです。基本的に動詞や形容詞などの語幹に -셨어요(ショッソヨ)をつけます。

たとえば、「いらっしゃる」を「いらっしゃいました」にするには、次のようにします。

오시다(オシダ) +過去形語尾 았/었다(アッ オッタ) = 오셨다(オショッタ) → 오셨어요(オショッソヨ)

いらっしゃる +〜した = いらした → いらっしゃいました

ちょっとだけ文法 2

よく使う過去形の表現を覚えましょう。

辞書形			過去形	
行く	가다(カダ)	→	行きました	갔어요(カッソヨ)
見る	보다(ポダ)	→	見ました	봤어요(バッソヨ)
あげる、くれる	주다(チュダ)	→	あげました、くれました	줬어요(チォッソヨ)
もらう	얻다(オッタ)	→	もらいました	얻었어요(オドッソヨ)
借りる	빌리다(ピルリダ)	→	借りました	빌렸어요(ピルリョッソヨ)

こんな場面で使います

▶▶▶Case 1

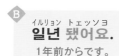

A

ハングンマルン オンジェ ペウショッソヨ
한국말은 언제 배우셨어요?
韓国語はいつ習いましたか？

한국말（ハングンマル）は「韓国語」、언제（オンジェ）は「いつ」、배우다（ペウダ）は「習う」です。

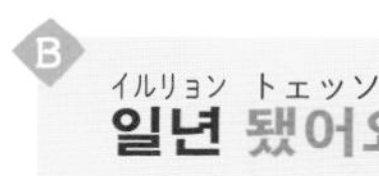

B

イルリョン トェッソヨ
일년 됐어요.
1年前からです。

일년（イルリョン）は「1年」、됐어요（トェッソヨ）は「なりました」という意味です。

▶▶▶Case 2

A

マニ パップショッソヨ
많이 바쁘셨어요?
とても忙しかったのですか？

많이（マニ）は「たくさん」、바쁘다（パップダ）は「忙しい」です。

B

イェ ヨジュム イリ マナッソヨ
예, 요즘 일이 많았어요.
はい、この頃仕事がたくさんありました。

예（イェ）は「はい」、요즘（ヨジュム）は「この頃」、일（イル）は「仕事」、많다（マンタ）は「多い」です。

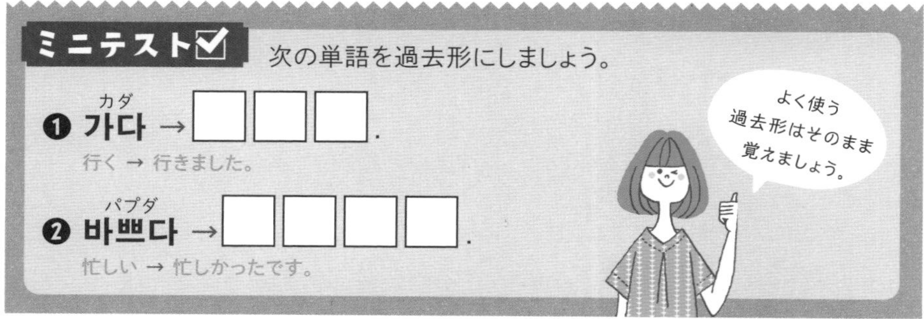

ミニテスト
次の単語を過去形にしましょう。
カダ
❶ 가다 → □□□.
行く → 行きました。
パプダ
❷ 바쁘다 → □□□□.
忙しい → 忙しかったです。
よく使う過去形はそのまま覚えましょう。

答え：①갔어요 ②바빴어요

DL 3_10

◀時・場所を尋ねる▶

いつ〜？／どこで〜？

いつどこで失くしましたか？

オンジェ 언제	オディソ 어디서	イロボリョッソヨ 잃어버렸어요?	
疑問詞	疑問詞	動詞	過去形の語尾
↓	↓	↓	↓
いつ	どこで	失くし	ましたか?

ちょっとだけ文法 1

「いつ」と時を尋ねるときには、疑問詞언제（オンジェ）を使います。

いつ　언제（オンジェ）〜？

日本語と同じように、韓国語の疑問詞は助詞といっしょに使うこともあります。

たとえば、「いつから」は**언제부터**（オンジェブド）、「いつまで」は**언제까지**（オンジェッカジ）、「いつでも」は**언제든지**（オンジェドゥンジ）になるので、あわせて覚えておきましょう。

ちょっとだけ文法 2

「どこ」と場所を尋ねるときは、어디（オディ）を使います。

どこ　어디（オディ）〜？

「どこで」は**어디서**（オディソ）、「どこまで」は**어디까지**（オディッカジ）、「どこでも」は**어디서나**（オディソナ）になるので、あわせて覚えておきましょう。

こんな場面で使います

▶▶▶Case 1

A
センイリ オンジェイムニッカ
생일이 언제입니까?
お誕生日はいつですか？

誕生日は생일이（センイリ）と言います。

B
シウォル シビリムニダ
10월 10일입니다.
10月10日です。

月日の言い方はp.62で確認しましょう。

▶▶▶Case 2

A
オディエ カゴ シプセヨ
어디에 가고 싶으세요?
どこに行きたいですか？

가다（カダ）は「行く」、《動詞の語幹＋고（ゴ）＋싶으세요？（シプセヨ）》は「〜したいですか？」という意味です。

B
プサネ カゴ シポヨ
부산에 가고 싶어요.
釜山に行きたいです。

《動詞の語幹＋고 싶어요（コ シポヨ）》は「〜したいです」という表現です。

「いつ」「どこで」の疑問詞を入れましょう！

ミニテスト☑ □に適当な疑問詞を入れて文を完成させましょう。

❶ □□ ソウレ カムニッカ **서울에 갑니까?**
いつソウルに行きますか？

❷ □□□ マンナギロ ハムニッカ **만나기로 합니까?**
どこで待ち合わせますか？

答え：①**언제** ②**어디서**

DL 3_11

◀人・物を尋ねる▶

誰が～？／何を～？

誰が何をしましたか？

ヌガ　ムオスル　ヘッスムニッカ

疑問詞

誰が　何を　しましたか？

ちょっとだけ文法 1

「誰」と尋ねるときは疑問詞누구（ヌグ）を使います。

誰　누구（ヌグ）

「誰が」と言う場合には、누가（ヌガ）と言います。本来は**누구**（ヌグ）「誰」+**가**（ガ）「が」で**누구가**（ヌグガ）のはずですが、発音が短縮されて**누가**（ヌガ）になるので注意しましょう。

ちょっとだけ文法 2

「何」と尋ねるときは疑問詞무엇（ムオッ）を使います。話しことばでは、しばしば뭐（ムオ）と短縮されます。

何　무엇（ムオッ）(뭐（ムォ）)

また、「何を」と言う場合は**무엇을**（ムオスル）ですが**뭘**（ムォル）と助詞まで縮めることがあります。「何が」は**무엇이**（ムオシ）または**뭐가**（ムォガ）と言います。

こんな場面で使います

▶▶▶Case 1

A

イ　カバン　ヌグ　コエヨ
이 가방 누구 거에요?
このカバン、誰のものですか？

누구(ヌグ)「誰」を使って所有者を尋ねます。「カバン」は가방（カバン）です。《人＋거에요（コエヨ)》で「〜のもの」という意味になります。

B

キム ソンセンニム　コエヨ
김 선생님 거에요.
キム先生のものです。

「先生」は선생님（ソンセンニム）と言います。

▶▶▶Case 2

イゴスン　ムオシムニッカ
이것은 무엇입니까?
これは何ですか？

「무엇」（ムオッ）を使って「何か」と尋ねます。なお、「これは」を意味する이것은（イゴスン）は이건（イゴン）と短縮されることもあります。

イゴスン　マッコルリ　イムニダ
이것은 막걸리 입니다.
これはマッコリです。

막걸리(マッコルリ)は韓国の伝統酒です。

ミニテスト☑ □に適切な疑問詞を入れて文を完成させましょう。

❶ クヌン　セヨ
그는 □□세요?
彼は誰ですか？

❷ ウォナセヨ
□ 원하세요?
何を希望していますか？

②は「何を」の短縮形を入れてくださいね。

答え：①**누구**　②**뭘**

DL 3_12

◀理由・手段を尋ねる▶

どうやって〜？

どうやって行きますか？

オットケ　カムニッカ
어떻게 갑니까?

疑問詞 → どうやって

動詞 → 行きますか？

ちょっとだけ文法 1

「どのように」と尋ねる場合には疑問詞、어떻게（オットケ）を使います。

どのように　어떻게（オットケ）

また、어떻게（オットケ）には「どうして」という意味もあります。

オットケ　アセヨ
어떻게 아세요?
どうして知っているのですか?

ちょっとだけ文法 2

「なぜ」と理由を尋ねるときは、疑問詞왜（ウェ）を使います。

なぜ　왜（ウェ）

ウェ　ハングゴルル　ペウゴ　インヌン　ゴエヨ
왜 한국어를 배우고 있는 거에요?
なぜ韓国語を学んでいるのですか?

こんなシーンで使います

▶▶▶Case 1

イゴスン　オットケ　ヘヨ
이것은 어떻게 해요?
これはどうするのですか?

이것은（イゴスン）は「これは」、해요（ヘヨ）は「します」という意味です。

イ　ボトゥヌル　ヌルロ　ジュセヨ
이 버튼을 눌러 주세요.
このボタンを押してください。

이（イ）は「この」、버튼（ボトゥ）は「ボタン」、누르다（ヌルダ）は「押す」、주세요（チュセヨ）は「～（して）ください」という意味です。

▶▶▶Case 2

ウェ　チガケスムニッカ
왜 지각했습니까?
なぜ遅刻したのですか?

왜（ウェ）を使って理由を尋ねましょう。なお、「遅刻」は지각하다（チガカダ）と言います。

ヌッチャムル　チャッソヨ
늦잠을 잤어요.
寝坊してしまいました。

「寝坊する」は늦잠을 자다（ヌッチャムル　チャダ）と言います。

ミニテスト☑ □に適切な疑問詞を入れて文を完成させましょう。

❶ □□□ ヨギッカジ　ワッスムニッカ **여기까지 왔습니까?**
どうやってここまで来ましたか?

❷ □ ウルゴ　インヌン　ゴシムニッカ **울고 있는 것입니까?**
なぜ泣いているのですか?

「なぜ」「どのように」の疑問詞は何だったかな?

答え：①어떻게　②왜

練習問題

Step 3で学習した文法事項を
練習問題で確認してみましょう。

1. 次の韓国語の文章を日本語の文章に合わせて、(　　　　)にあてはまるものを3つの中から選んで完成しましょう。

チョヌン　イルボンサラム
❶저는 일본사람(　　　　　　).
(わたしは日本人です。)
ア 이니다　イ 있니다　ウ 입니다

イゴスン　チェク
❷이것은 책(　　　　　　).
(これは本ではありません。)
ア 가 아닙니다　イ 이 아니다　ウ 이 아닙니다

メイル　コンブ
❸매일 공부(　　　　　　).
(毎日勉強します。)
ア 햅다　イ 합니다　ウ 해습니다

ハングゲ
❹한국에 (　　　　　　).
(韓国に行くことができません。)
ア 갈 수 있습다　イ 갈 수 있습니다　ウ 갈 수 없습니다

イジェ　ヨルシミ
❺이제 열심히 (　　　　　　).
(これから一生懸命勉強するつもりです。)
ア 공부할 예정입니다　イ 공부하을 예정입니다
ウ 공부하예정 입니다

アボニム
❻아버님 (　　　　　　)?
(お父さんでいらっしゃいますか?)
ア 됩니까　イ 되읍니까　ウ 되십니까

オジェヌン
❼어제는 (　　　　　　).
(昨日は忙しかったです。)
ア 바쁘었습니다　イ 바빴습니다　ウ 바뻤습니다

解答と解説

1.❶［ウ 입니다］ 저는 일본사람입니다.

「〜です」と言うときは、《名詞＋입니다》の形になります（→ p.64）。

❷［ウ 이 아닙니다］ 이것은 책이 아닙니다.

「〜ではありません」は、《名詞＋가 아닙니다》または《名詞＋이 아닙니다》の形になります（→ p.68）。ここでは、直前の名詞の最後にパッチムがあるので、後者が入ります。

❸［イ 합니다］ 매일 공부합니다.

「〜します」と言うときは、「〜する」という意味の動詞、하다の語幹と、硬く丁寧な語尾のㅂ니다がいっしょになって、합니다になります（→ p.72）。

❹［ウ 갈 수 없습니다］ 한국에 갈 수 없습니다.

「〜できません」と言うときは、《動詞の語幹＋ㄹ / 을 수 없습니다》になります。反対に、「〜できます」と言うときは、《動詞の語幹＋ㄹ / 을 수 있습니다）になります（→ p.74）。

❺［ア 공부할 예정입니다］ 이제 열심히 공부할 예정입니다.

「〜する予定です」は《動詞の語幹＋ㄹ / 을 예정이에요》ですが（→ p.76）、ハムニダ体を使えば、《動詞の語幹＋ㄹ / 을 예정입니다》になります。

❻［ウ 되십니까］ 아버님 되십니까?

敬語表現にするには多くの場合、-십니다 /-으십니다の形にします（→ p.78）。ここでは疑問形なので、-십니까? になりますね。

❼［イ 바빴습니다］ 어제는 바빴습니다.

過去形は《動詞･形容詞の語幹＋았 / 었어요》ですが（→ p.80）、ハムニダ体にすれば、《動詞・形容詞の語幹＋았 / 었습니다》になります。

わからないところは戻って
確認しましょうね。

練習問題

2. 次の（　　　）中に適切なものをア～カの中から選んで入れましょう。

❶（　　　　　）오십니까?（オシムニッカ）
（いついらっしゃいますか?）

❷（　　　　　）가셨습니까?（カショッスムニッカ）
（どこに行かれましたか?）

❸（　　　　　）하고 만났습니까?（ハゴ マンナッスムニッカ）
（誰と会いますか?）

❹（　　　　　）하셨습니까?（ハショッスムニッカ）
（何をなさいますか?）

❺（　　　　　）가셨습니까?（カショッスムニッカ）
（どうやって行かれますか?）

❻（　　　　　）안 됩니까?（アン ドェムニッカ）
（なぜいけないですか?）

ア 왜　イ 언제　ウ 누구　エ 어떻게　オ 어디　カ 뭘

どの疑問詞を
使うんだったかな？

解答と解説

2. ❶［イ 언제］ 언제（オンジェ） 오십니까（オシムニッカ）?

「いつ」にあたる疑問詞は언제（オンジェ）です（→ p.82）。「来る」온다（オンダ）の尊敬語は、오십니다（オシムニダ）「いらっしゃいます」になります。

❷［オ 어디］ 어디（オディ） 가셨습니까（カショッスムニッカ）?

「どこ」にあたる疑問詞は어디（オディ）です（→ p.82）。「行く」가다（カダ）を過去形にすると、가셨습니다（カショッスムニダ）「行きました」になります。

❸［ウ 누구］ 누구하고（ヌグハゴ） 만났습니까（マンナッスムニッカ）?

「誰」にあたる疑問詞は누구（ヌグ）です（→ p.84）。「会う」は만난다（マンナダ）と言います。

❹［カ 뭘］ 뭘（ムォル） 하셨습니까（ハショッスムニッカ）?

「何」にあたる疑問詞は、무엇（ムオッ）ですが、「何を」と助詞まで縮めて뭘（ムォル）と言うことがあります（→ p.84）。なお、하셨습니까（ハショッスムニッカ）は했습니까（ヘッスムニッカ）の敬語です（→ p.78）。

❺［エ 어떻게］ 어떻게（オットケ） 가셨습니까（カショッスムニカ）?

「どうやって」にあたる疑問詞は어떻게（オットケ）です（→ p.86）。어떻게（オットケ）にはほかにも、「どうして」という意味があります。

❻［ア 왜］ 왜（ウェ） 안（アン） 됩니까（ドェムニッカ）?

「なぜ」にあたる疑問詞は왜（ウェ）です（→ p.86）。《안（アン） 됩니까（ドェムニッカ）?》の部分は否定の안（アン）がついて、否定疑問文の形になっています。

疑問詞をマスターしたら、
会話の幅が広がりますね。

韓国の地名

DL 3_13

韓国の地域と都市の名前を覚えましょう。

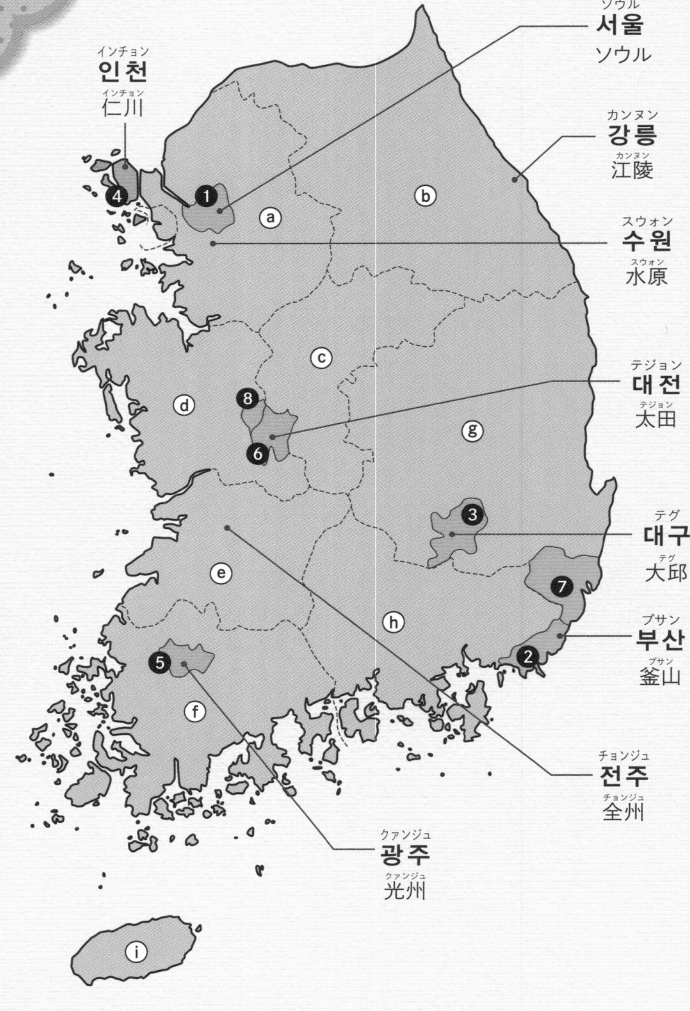

特別市・広域市・特別自治市

❶ ソウルトゥクピョルシ **서울특별시** ソウル特別市

❷ プサングァンヨクシ **부산광역시** 釜山（プサン）広域市

❸ テググァンヨクシ **대구광역시** 大邱（テグ）広域市

❹ インチョングァンヨクシ **인천광역시** 仁川（インチョン）広域市

❺ クァンジュグァンヨクシ **광주광역시** 光州（クァンジュ）広域市

❻ テジョングァンヨクシ **대전광역시** 太田（テジョン）広域市

❼ ウルサングァンヨクシ **울산광역시** 蔚山（ウルサン）広域市

❽ セジョントゥクピョルチャチシ **세종특별자치시** 世宗（セジョン）特別自治市

道・特別自治道

ⓐ キョンギド **경기도** 京畿道（キョンギド）

ⓑ カンウォンド **강원도** 江原道（カンウォンド）

ⓒ チュンチョンブクト **충청북도** 忠清北道（チュンチョンブクト）

ⓓ チュンチョンナムド **충청남도** 忠清南道（チュンチョンナムド）

ⓔ チョルラブクト **전라북도** 全羅北道（チョルラブクト）

ⓕ チョルラナムド **전라남도** 全羅南道（チョルラナムド）

ⓖ キョンサンブクト **경상북도** 慶尚北道（キョンサンブクト）

ⓗ キョンサンナムド **경상남도** 慶尚南道（キョンサンナムド）

ⓘ チェジュトゥクピョルチャチド **제주특별자치도** 済州（チェジュ）特別自治道

STEP 4

これで旅行もバッチリ！
場面定番フレーズ

コンハン
공항
空港
DL
4_01
ピヘンギ
비행기
飛行機
チェクイン カウント
체크인 카운터
チェックインカウンター
スファムル ゴムサ
수화물 검사
手荷物検査
イプクク シムサ
입국 심사
入国審査
PASS PORT
DUTY FREE
DUTY FREE
クァングァンウロ ハングゲ
관광으로 한국에
ワッスムニダ
왔습니다.
観光のために韓国に来ました。
ミョンセジョム
면세점
免税店

リムジン ポス
리무진 버스
リムジンバス
イ ゴスロ カ ジュセヨ
이 곳으로 가 주세요.
この場所に行ってください。
テクシ
택시
タクシー
AIRPO
TAXI
TAXI
FOREIGN EXCHANGE
ファンジョンソ
환전소
両替所
ヨクォン
여권
パスポート
セグァン
세관
税関
トゥロンク
트렁크
スーツケース
スハムル チャンヌン ゴッ
수하물 찾는 곳
荷物受取所

DL 4_02

空港で使えるフレーズ

いよいよ韓国の空港に到着！　韓国語を使ってみましょう！

入国管理局にて、入国目的を伝える

ムスン　ニルロ　オショッソヨ
무슨 일로 오셨어요?
どんなご用件で
いらっしゃいましたか?
クァングァンウロ　ハングゲ
관광으로 한국에
ワッスムニダ
왔습니다.
観光のために韓国に来ました。
IMMIGRATION

《무슨(ムスン) 일로(ニルロ)》は「どんなご用で」、《오셨어요?(オショッソヨ)》は「いらっしゃいましたか？」という意味です。《무슨(ムスン) 일로(ニルロ)》の슨(スン)＋일(イル)のように、パッチムのある語の後ろに「イ」や「ヤ」行の音をもつ語がくるときに、ㄴ(ニウン)の音がプラスされて、「イ」は「ニ」、「ヤ」は「ニャ」、「ヨ」は「ニョ」と発音します。これをㄴ(ニウン)挿入といいます。

入国管理局を通る際の質問に対しては、유학으로(ユハグロ)「留学で」や일로(イルロ)「仕事で」のように入国目的を伝えましょう。

유학으로(ユハグロ) 왔습니다(ワッスムニダ).
留学で来ました。

일로(イルロ) 왔습니다(ワッスムニダ).
仕事で来ました。

フレーズ 1 入国管理局にて滞在日を伝える

일주일 체류합니다.（イルチュイル チェリュハムニダ）

1週間滞在します。

語彙 일주일（イルチュイル）「1週間」 체류（チェリュ）「滞在」

プラスα 「3日間」は사흘간（サフルガン）、「1か月間」は1개월간（ハンゲウォルガン）のように言います。

フレーズ 2 手荷物の受取場にて、手荷物に関するトラブルを伝える

제 캐리어가 아직 도착하지 않았어요.（チェ ケリオガ アジク トチャカジ アナッソヨ）

わたしのスーツケースがまだ到着していません。

語彙 캐리어（ケリオ）「スーツケース」 아직（アジク）「まだ」 도착하다（トチャカダ）「到着する」

表現 《-지 않았어요》（チ アナッソヨ）「～していません、～しませんでした」

フレーズ 3 両替所にて、ウォンに両替する

3만 엔을 원으로 바꿔 주세요.（サムマ ネヌル ウォヌロ パックォ ジュセヨ）

3万円をウォンに替えてください。

表現 《-아/어 주세요》（ア オ ジュセヨ）「～してください」

フレーズ 4 案内所にて、チェックインカウンターを尋ねる

아시아나 항공 수속카운터가 어디에요?（アシアナ ハンゴン スソッカウントガ オディエヨ）

アシアナ航空のチェックインカウンターはどこですか?

語彙 수속（スソク）「手続き」

表現 《어디에요?》（オディエヨ）「どこですか？」（→ p.82）

DL 4_03

市内への移動に使えるフレーズ

韓国のタクシー代は日本ほど高くはないので便利です。

タクシーの運転手に目的地を伝える

어디까지(オディッカジ) 가십니까(カシムニッカ)?
どこまで行かれますか?

이(イ) 곳으로(ゴスロ) 가(カ) 주세요(ジュセヨ).
この場所に行ってください。

「こちら」という場合は、이곳(イゴッ)と言いますが、「ここ」**여기**(ヨギ)という表現もあります。あわせて**거기**(コギ)「そこ」、**저기**(チョギ)「あそこ」という表現も覚えておきましょう。

行きたい場所の名前のあとに、가 주세요(カ ジュセヨ)「行ってください」と言ってみましょう。また、よく使われるほかの表現として「～に行きたいです」は、《場所＋에(ヘ) 가고(カゴ) 싶어요(シポヨ)》と言うこともできます。

이곳에(イゴセ) 가고(カゴ) 싶어요(シポヨ).
この場所へ行きたいです。

フレーズ 1

目的地までの所要時間を尋ねる

シガニ オルマナ コルリムッカ
시간이 얼마나 걸립니까?
時間はどれくらいかかりますか?

語彙 시간（シガン）「時間」 얼마나（オルマナ）「どのくらい」

フレーズ 2

目的地までの料金を尋ねる

ヨグミ オルマナ ナオルッカヨ
요금이 얼마나 나올까요?
料金はいくらぐらいかかるでしょうか?

語彙 요금（ヨグム）「料金」

文化 韓国のタクシー代は日本ほど高くはないので移動のときにおすすめです。

フレーズ 3

運転手に観光案内を頼む

シネ アンネルル ヘ ジュシル ス イッスムニッカ
시내 안내를 해 주실 수 있습니까?
市内を案内してもらえますか?

語彙 시내（シネ）「市内」 안내（アンネ）「案内」

表現 《해 주실 수 있습니까?（ヘ ジュシル ス イッスムニッカ）》「していただけますか？」

フレーズ 4

タクシーから降りる

ヨギエソ セウォ ジュセヨ
여기에서 세워 주세요.
ここで止めてください。

語彙 여기（ヨギ）「ここ」 세우다（セウダ）「止める」

表現 《-아/어 주세요（ア オ ジュセヨ）》「～してください」

ホテル
호텔
ホテル

DL 4_04

トオ メン
도어 맨
ドアマン

エントゥロンス
엔트런스
エントランス

エルリベイト
엘리베이터
エレベーター

スクパク ソンニム
숙박 손님
宿泊客

ネ イルボネソ イェヤケッスムニダ
네 일본에서 예약했습니다.
はい、日本で予約してきました。

FRONT

プロントゥ
프론트
フロント

クリ メクチャ
그림 액자
絵画
エオコン
에어컨
エアコン
チャンムン
창문
窓
コトゥン
커튼
カーテン
テルレビジョン
텔레비전
テレビ
レムプ
램프
ランプ
ウィジャ
의자
椅子
チェクサン
책상
机
ソパ
소파
ソファー
セイプティ バックス
세이프티 박스
セーフティーボックス
シャンプ チュセヨ
샴푸 주세요.
シャンプーをください。
ストブ
스토브
ストーブ
チョヌァ
전화
電話
チムデ
침대
ベッド
ペゲ
베개
枕

3 DL 4_05

フロントなどで使えるフレーズ

ホテルに着いたら、フロントでチェックインをしましょう。

フロントでチェックインする

FRONT
イェヤカショッスムニッカ
예약하셨습니까?
予約なさいましたか?
ネ　イルボネソ　イェヤケッスムニダ
네, 일본에서 예약했습니다.
はい、日本で予約してきました。

「〜なさいましたか？」は、《漢字語（ここでは予約）＋하셨습니까?（ハショッスムニッカ）》と言います。相手に丁寧に尋ねるときに使う便利なフレーズです。

予約は예약（イェヤク）と言います。「〜してきました」というときは、名詞のあとに、《했습니다（ヘッスムニダ）》「しました」をつけましょう。

フレーズ1 キャンセルする場合も連絡する

イェヤグル　ケンスラゴ　シポヨ
예약을 캔슬하고 싶어요.
予約をキャンセルしたいです。

語彙　캔슬（ケンスル）「キャンセル」

表現　≪ −고（コ） 싶어요（シポヨ）≫「〜したいです」

フレーズ2 荷物を預けて観光に行く

チムル　マッキル　ス　イッソヨ
짐을 맡길 수 있어요?
荷物を預けることができますか?

語彙　짐（チム）「荷物」　맡기다（マッキダ）「預ける」

表現　≪ −ㄹ（ル） 수（ス） 있어요?（イッソヨ）≫「〜できますか？」（→ p.74）

フレーズ3 荷物を預けて観光に行く

チェクアウスン　ミョッ　シエヨ
체크아웃은 몇 시에요?
チェックアウトは何時ですか?

語彙　체크아웃（チェクアウッ）「チェックアウト」

表現　≪몇（ミョッ） 시에요?（シエヨ）≫「何時ですか？」

フレーズ4 宿泊をのばす

ハルッパム　ト　ムグル　ス　イッソヨ
하룻밤 더 묵을 수 있어요?
もう一晩、泊まることができますか?

語彙　묵다（ムクタ）「泊まる」

4

DL 4_06

快適な宿泊のためのフレーズ

依頼や苦情のフレーズを覚えて、ホテル滞在を快適なものにしましょう。

フロントでアメニティを頼む

샴푸(シャンプ) 주세요(チュセヨ).

シャンプーをください。

《名詞＋주세요(チュセヨ)》という表現で、「〜をください」と、ものを注文することができます。ホテルの部屋にアメニティが備えつけられていない場合でも、フロントに頼めば分けてくれることもあるので、尋ねてみるとよいでしょう。

また、何かを依頼したいときには、日本語の「〜お願いします」という意味になる《〜 부탁합니다(プタカムニダ)》があります。また、**빨리**(パルリ)「早く」や**많이**(マニ)「たくさん」のように、程度や量について依頼するときも同じフレーズが使えます。

フレーズ 1 タクシーを呼んでもらう

テクシ　プルロ　ジュセヨ
택시 불러 주세요.
タクシーを呼んでください。

語彙 택시（テクシ）「タクシー」 부르다（プルダ）「呼ぶ」

フレーズ 2 モーニングコールを頼む

モニンコル　プタカムニダ
모닝콜 부탁합니다.
モーニングコールをお願いします。

語彙 모닝콜（モニンコル）「モーニングコール」

表現 《부탁합니다（プタカムニダ）》「（〜を）お願いします」

フレーズ 3 鍵の閉じこみを伝える

パン　アネ　キルル　トゥゴ　ナワッソヨ
방 안에 키를 두고 나왔어요.
部屋に鍵を置いてきてしまいました。

語彙 방（パン）「部屋」 키（キ）「鍵」 두다（トゥダ）「置く」

プラスα 《두고（トゥゴ） 나왔어요（ナワッソヨ）》で、「置いて出てきてしまいました」という意味です。

フレーズ 4 部屋のトラブルを伝える

ファジャンシル　ムリ　アン　ネリョガヨ
화장실 물이 안 내려가요.
トイレの水が流れません。

語彙 화장실（ファジャンシル）「トイレ」 물（ムル）「水」 내리다（ネリダ）「降りる」

プラスα 《안（アン）＋動詞の語幹＋아요（アヨ）/어요（オヨ）》の形で否定文をつくることができます（→ p.33）。

ショピン
쇼핑
買い物
DL 4_07
クニャン ポゴ イッソヨ
그냥 보고 있어요.
ただ見ているだけです。
タリシル
탈의실
試着室
FITTING ROOM
ト クン サイジュ オムナヨ
더 큰 사이즈 없나요?
もっと大きいサイズはないですか?
ソンムリョンウロ
선물용으로
サ ジュセヨ
싸 주세요.
プレゼント用に包んでください。
コウル
거울
鏡
ケサンデ
계산대
レジ

プルラウス
블라우스
ブラウス

ティュニク
튜닉
チュニック

スウェト
스웨터
セーター

カディゴン
가디건
カーディガン

スコトゥ
스커트
スカート

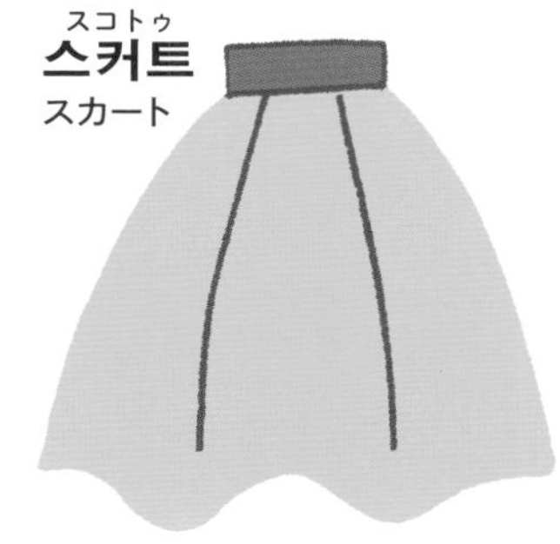

チャケッ
자켓
ジャケット

ウォンピス
원피스
ワンピース

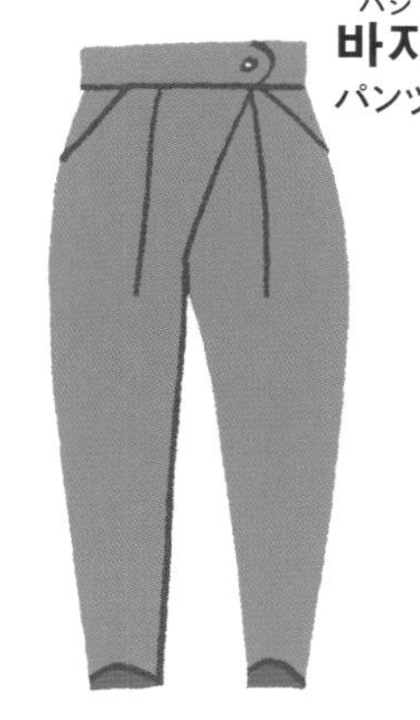

パジ
바지
パンツ

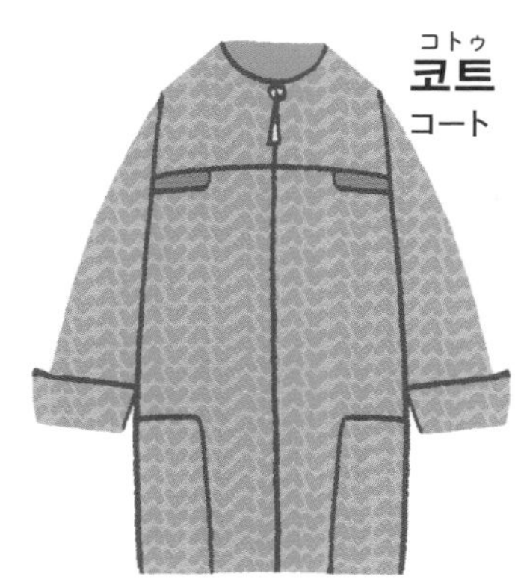

コトゥ
코트
コート

カバン
가방
バッグ

クドゥ
구두
靴

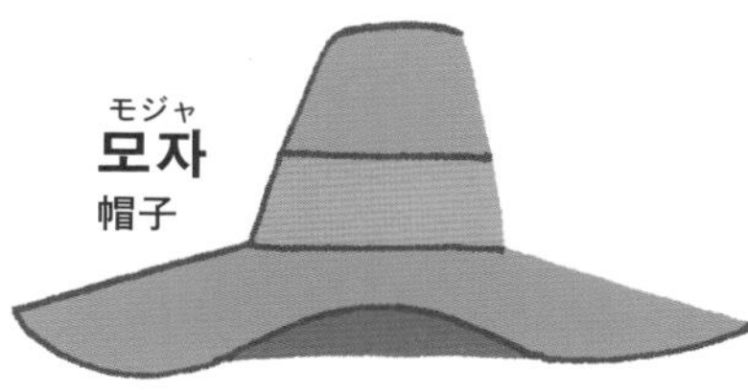

モジャ
모자
帽子

DL 4_08

試着に関するフレーズ

早速、買い物に出かけましょう！　デパートは異文化の宝の山ですよ。

接客をかわしたいときには……

クニャン　ポゴ　イッソヨ
그냥 보고 있어요.
ただ見ているだけです。

ムォル　トワ　ドゥリルッカヨ
뭘 도와 드릴까요?
何かお探しですか?

買い物は韓国語を実践するチャンスです。とはいえ、ウィンドーショッピングを邪魔されたくない人もいるでしょう。そんなときのために、「見てるだけです」と店員を軽くあしらうフレーズを覚えましょう。

韓国語の≪ -고 있어요 ≫（コ イッソヨ）は、「～している」という現在進行形を意味します。よく使う言い方なので覚えておきましょう。

フレーズ 1 試着したいときには一声かける

イボ ブァド トェルッカヨ
입어 봐도 될까요?
着てみてもいいですか?

語彙 입다（イプタ）「着る」

表現 ≪ -아/어（ア オ） 봐도（ブァド）+될까요?（トェルッカヨ） ≫「～してみてもいいですか？」

フレーズ 2 店員に試着室を尋ねる

タリシリ オディエヨ
탈의실이 어디에요?
試着室はどこですか?

語彙 탈의실（タリシル）「更衣室、試着室」

表現 《어디에요?（オディエヨ）》「どこですか？」（→ p.82）

文化 韓国では、たとえ試着室がなくても、隠れる場所さえあれば気軽に対応してくれる場合もあります。

フレーズ 3 店員に似合うかどうかを尋ねる

チョハンテ オウルリナヨ
저한테 어울리나요?
わたしに似合いますか?

語彙 어울리다（オウルリダ）「似合う」

表現 ≪ -나요?（ナヨ） ≫「～ですか？」

プラスα 語尾は、≪어때요?（オッテヨ） ≫「いかがですか？」も使えます。

フレーズ 4 ほかのものを見せてくれるよう頼む

タルン ゴット ポヨ ジュセヨ
다른 것도 보여 주세요.
ほかのも見せてください。

語彙 다른 것（タルン ゴッ）「ほかのもの」 보이다（ポイダ）「見せる」

DL
4_09

店員にお願いするフレーズ

失敗しない買い物のために、本当に欲しいものを伝えましょう。

店員にちがうサイズを頼む

キダリョ　ジュシプシオ
기다려 주십시오.
お待ちください。

ト　クン　サイジュ　オムナヨ
더 큰 사이즈 없나요?
もっと大きいサイズはないですか?

せっかく気に入った靴や洋服もサイズが合わなければ意味がありません。自分にピッタリのサイズを店員に持って来てもらいましょう。

더(ト)は「もっと、さらに」という意味です。「大きい」は**큰**(クン)、「小さい」は**작은**(チャグン)と言います。《名詞＋없나요?(オムナヨ)》は「〜はないですか？」の意味です。

したがって、もっと小さいものが欲しいときは次のように言います。

ト　チャグン　サイジュ　オムナヨ
더 작은 사이즈 없나요?
もっと小さいサイズはないですか?

フレーズ 1 サイズを相談する

サイジュガ チョム チャガヨ
사이즈가 좀 작아요.
サイズが少し小さいです。

語彙 좀（チョム）「ちょっと」

文化 サイズの表記が日本とは異なるので試着してみましょう。

フレーズ 2 ほかのデザインを尋ねる

タルン ディジャイン イッソヨ
다른 디자인 있어요?
ほかのデザインはありますか?

語彙 다른（タルン）「ほかの」

表現 《名詞＋있어요?（イッソヨ）》「～はありますか？」（→ p.70）

フレーズ 3 色ちがいを尋ねる

ト ムスン セク イッソヨ
또 무슨 색 있어요?
ほかにはどんな色がありますか?

語彙 또（ト）「また、ほかに」 무슨 색（ムスン セク）「何色」

プラスα 色の表現は p.171 を参照してください。

フレーズ 4 お直しを頼む

パジ キジャウル コチョ ジュセヨ
바지 기장을 고쳐 주세요.
ズボンの長さを直してください。

語彙 바지（パジ）「ズボン」 기장（キジャン）「長さ」 고치다（コチダ）「直す」

表現 《-아/어 주세요（ア オ ジュセヨ）》「～してください」

DL 4_10

レジで使えるフレーズ

お会計の際に、ラッピングや郵送を頼みましょう。

プレゼントにしてもらう

ソンムリョンウロ　サ　ジュセヨ
선물용으로 싸 주세요.
プレゼント用に包んでください。
イエ　アルゲッスムニダ
예, 알겠습니다.
はい、かしこまりました。

韓国的な包装紙もステキなので、プレゼントやお土産はぜひラッピングしてもらいましょう。

《선물용으로(ソンムリョンウロ)》は「お土産用に」という意味です。「包んでください」は、《싸 주세요.(サ ジュセヨ)》と言います。

店員さんの、《예, 알겠습니다.(イエ アルゲッスムニダ)》は「はい、承知しました、かしこまりました」という表現です。よく使う表現なので、覚えておきましょう。

フレーズ 1 包装の仕方を頼む

タロッタロ　サ　ジュセヨ
따로따로 싸 주세요.
別々に包んでください。

語彙 따로따로（タロッタロ）「別々に」

プラスα 「一個ずつ」は한 개씩（ハン ゲッシク）、「ひとつの袋に全部」は한 봉투에 전부（ハン ポントゥエ チョンブ）と言います。

フレーズ 2 サンプルをおまけにつけてもらう

セムプルル　バッコ　シプンデヨ
샘플을 받고 싶은데요.
サンプルもいただきたいです。

語彙 받다（パッタ）「受け取る」

表現 《-고 싶은데요》（コ シプンデヨ）「～したいのですが」

文化 化粧品のサンプルには韓国アイドルのグッズがついている場合もあるので、好きな人は聞いてみましょう。

フレーズ 3 郵便で送ってもらう

イエメスロ　ボネ　ジュセヨ
EMS로 보내 주세요.
EMS で送ってください。

語彙 보내다（ボネダ）「送る」

フレーズ 4 値段を尋ねる

イゴン　オルマエヨ
이건 얼마에요?
これはいくらですか?

語彙 이건（イゴン）「これは」

表現 《얼마에요?》（オルマエヨ）「いくらですか？」

プラスα 値切るときは《싸게 해 주세요》（サゲ ヘ ジュセヨ）「安くしてください」と言います。

クァングァン
관광
観光

DL 4_11

キョンボックン
경복궁
景福宮
Tourism Information
クァングァンアンネソ
관광안내소
観光案内所
チョウン クァングァントゥオルル
좋은 관광투어를
チュチョネ ジュセヨ
추천해 주세요.
良い観光ツアーを
おすすめしてください。
ヨク
역
駅
지하철
チアチョルル タゴ
지하철을 타고
カゲッスムニダ
가겠습니다.
地下鉄に乗って行きます。
チアチョル
지하철
地下鉄
지하철

チョンミョ
종묘
宗廟

チャンドックン
창덕궁
昌徳宮

ショトルル　ヌルロ　ジュシゲッソヨ
셔터를 눌러 주시겠어요?
シャッターを押してもらえませんか？

SEOUL TOWER

エンソウルタウォ
N서울타워
N ソウルタワー

ユラムソン
유람선
遊覧船

ハンガン
한강
漢江

ポス　チョンニュジャン
버스 정류장
バス停

クァングァンポス
관광버스
観光バス

TAXI

TOURIST BUS

DL
4_12

観光案内所で使えるフレーズ

ソウル市内や近郊には観光できる場所がたくさんあります。

おすすめの観光ツアーを尋ねる

チョウン クァングァントゥオルル チュチョネ ジュセヨ
좋은 관광투어를 추천해 주세요.
良い観光ツアーをおすすめしてください。

シティ トゥオ ポスガ イッスムニダ
시티 투어 버스가 있습니다.
シティバスツアーがあります。

좋다(チョタ)は「良い」、**관광**(クァングァン)は「観光」、**투어**(トゥオ)は「ツアー」です。

形容詞が名詞を修飾するときは、≪形容詞の語幹＋ㄴ(ニウン)/은(ウン)＋名詞≫の形になり、形容詞の語幹の最後にパッチムがないときは、**ㄴ**(ニウン)、あるときは**은**(ウン)を使います。

また、**추천**(チュチョン)は「推薦」という意味です。《-해(ヘ) 주세요(ジュセヨ)》の形で、「〜してください」という意味になります。

フレーズ 1 行き先の希望を伝える

ミョンソルル　トラボゴ　シポヨ
명소를 돌아보고 싶어요.

名所を回りたいです。

語彙 명소（ミョンソ）「名所」　돌아보다（トラボダ）「見て回る」

表現 《-싶어요（シポヨ）》「～したいです」

フレーズ 2 行き先の希望を伝える

エンソルタウォエ　カ　ボゴ　シプンデヨ
N서울타워에 가 보고 싶은데요.

Nソウルタワーに行きたいです。

表現 《-고（コ） 싶은데요（シプンデヨ）》「～したいのですが」

プラスα 「～したい」≪-고（コ） 싶다（シプタ）≫の語尾に-ㄴ（ニウン）/-은데요（ウンデヨ）がついて≪-고（コ） 싶은데요（シプンデヨ）≫となると、「～したいのですが」と婉曲的な表現になります。

フレーズ 3 日本語のツアーを尋ねる

イルボノ　トゥオヌン　イッスムニッカ
일본어 투어는 있습니까?

日本語のツアーはありますか?

語彙 일본（イルボン）「日本、日本語」

表現 《있습니까?（イッスムニッカ）》「ありますか？」（→ p.70）

フレーズ 4 イベントを尋ねる

チェミインヌン　イベントゥラド　インナヨ
재미있는 이벤트라도 있나요?

面白いイベントはありませんか?

語彙 재미있는（チェミインヌン）「おもしろい」　이벤트（イベントゥ）「イベント」

表現 《있나요？（インナヨ）》「ありますか？」

DL 4_13

観光地で使えるフレーズ

観光地をめぐりながら使えるフレーズを覚えましょう。

ほかの観光客に撮影を頼む

ショトルル　ヌルロ　ジュシゲッソヨ
셔터를 눌러 주시겠어요?
シャッターを押してもらえませんか?

チョアヨ
좋아요.
いいですよ。

셔터(ショト)は「シャッター」、**누르다**(ヌルダ)は「押す」という意味です。

≪ -아/어(ア/オ) + 주시겠어요?(ジュシゲッソヨ) ≫の形で「～していただけませんか？」と丁寧に相手に依頼することができます。≪ -아/어(ア/オ) + 주세요(ジュセヨ) ≫の形で「～してください」という意味ですが、それよりも婉曲的で丁寧な表現になります。

フレーズ1 いっしょに写真を撮る

カチ　サジン　チゴヨ
같이 사진 찍어요.
いっしょに写真を撮りましょう。

語彙 같이（カチ）「いっしょに」 사지늘 찍다（サジヌル チクタ）「写真を撮る」

フレーズ2 窓口でチケットを購入する

オルン　ティケスル　トゥ　ジャン　チュセヨ
어른 티켓을 두 장 주세요.
チケットを大人2枚ください。

語彙 어른（オルン）「大人」 티켓（ティケッ）「チケット」 장（チャン）「枚」

プラスα 「子ども」は아이（アイ）、「シニア」は연장자（ヨンジャンジャ）と言います。

フレーズ3 待ち時間を尋ねる

イプチャンッカジ　ミョッ　シガン　キダリョヤ　ドェヨ
입장까지 몇 시간 기다려야 돼요?
入場まで何時間待ちですか?

語彙 입장（イプチャン）「入場」 몇 시간（ミョッ シガン）「何時間」 기다리다（キダリダ）「待つ」

フレーズ4 感動を伝える

ヤギョンイ　ノム　アルムダムネヨ
야경이 너무 아름답네요.
夜景がとても美しいですね。

語彙 야경（ヤギョン）「夜景」 너무（ノム）「とても」 아름답다（アルムダプタ）「美しい」

文化 N ソウルタワーや 63 ビルから眺める夜景はとても美しいです。

DL 4_14

地下鉄で使えるフレーズ

ソウル市内を移動するのに便利な地下鉄を乗りこなしましょう。

交通手段を尋ねる

オットケ　カムニッカ
어떻게 갑니까?
どうやって行きますか?

チアチョルル　タゴ　カゲッスムニダ
지하철을 타고 가겠습니다.
地下鉄に乗って行きます。

어떻게(オットケ)は「どうやって」(→ p.86)、**가다**(カダ)は「行く」という意味です。また、**지하철**(チアチル)は「地下鉄」、**타다**(タダ)は「乗る」です。

「～するつもり」と意志を表すときは、《動詞の語幹＋겠(ケッ)》の形になります。

ソウル市内の移動には、９路線の地下鉄が張り巡らされています。各路線にシンボルカラーがあり、各駅には路線番号がついているので、外国人にもわかりやすいです。ソウル観光の際は、ぜひ利用してみてください。

街で駅の場所を尋ねる

チアチョルリョグン　オディエヨ
지하철역은 어디에요?
地下鉄の駅はどこですか?

語彙 역（ヨク）「駅」

表現 《어디에요?（オディエヨ）》「どこですか？」（→ p.82）

駅で切符売り場を尋ねる

ピョヌン　オディソ　サル　ス　イッソヨ
표는 어디서 살 수 있어요?
どこで切符を買えますか?

語彙 표（ピョ）「切符」　어디서（オディソ）「どこで」　사다（サダ）「買う」

表現 《-ㄹ 수 있어요?（ル　ス　イッソヨ）》「～することができますか？」（→ p.74）

文化 「交通カード」というチャージして使う乗車カードもあります。

駅構内で何号線に乗るべきか尋ねる

ミョ　トソン　チアチョルル　タミョン　ドェヨ
몇 호선 지하철을 타면 돼요?
何号線に乗ればいいですか?

語彙 몇 호선（ミョ　トソン）「何号線」

表現 《-면/으면 돼요?（ミョン　ウミョン　ドェヨ）》「～すればいいですか？」

乗り換えを尋ねる

オディソ　カラタヨ
어디서 갈아타요?
どこで乗り換えますか?

語彙 어디서（オディソ）「どこで」　갈아타다（カラタダ）「乗り換える」

ウムシク
음식
飲食
DL
4_15
ヨギヨ ムォガ チョアヨ
여기요. 뭐가 좋아요?
すみません。おすすめは何ですか?
チョムォン
점원
店員
ヨリ
요리
料理
メニュ
메뉴
メニュー
메뉴
フェゲ
회계
会計
ヨギヌン チェガ ネルケヨ
여기는 제가 낼게요.
ここはわたしが出します。
レストラン
레스토랑
レストラン

ポジャンマチャ
포장마차
屋台
순대
핫도그
오뎅
김밥
핫도그
スル
술
お酒
クンナゴ マシロ カシジ
끝나고 마시러 가시지
アンケッスムニッカ
않겠습니까?
このあと飲みにいきませんか?

STEP4 11

DL 4_16

注文に関するフレーズ

韓国語でおいしいもの、食べたいものを頼めるようになりましょう。

店のおすすめを尋ねる

ヨギヨ　ムォガ　チョアヨ
여기요. 뭐가 좋아요?
すみません。おすすめは何ですか?

トルソッ　ピビンパビムニダ
돌솥 비빔밥입니다.
石焼ビビンバです。

店員さんを呼び止めるときには、《여기요.(ヨギヨ)》と声をかけます。

また、뭐(ムォ)は「何」、《좋아요?(チョアヨ)》は「よいですか？」で、直訳すると「何がよいですか」という言い方でおすすめ料理を尋ねることができます。

味や値段に希望がある場合は、《안 매운 걸로(アン メウン ゴルロ)》「辛くないもので」や《비싸지 않은 걸로(ピッサジ アヌン ゴルロ)》「高くないもので」などと付け加えるとよいでしょう。

アン　メウン　ゴルロ　ムォガ　チョアヨ
안 매운 걸로 뭐가 좋아요?
辛くないものでおすすめは何ですか?

日本語のメニューがないか尋ねる

イルボノ　メニュパン　イッソヨ
일본어 메뉴판 있어요?

日本語のメニューはありますか?

語彙 메뉴（メニュ）「メニュー」 판（パン）「～版」

表現 《있어요?（イッソヨ）》「ありますか？」（→ p.70）

料理を注文する

チュムネド　ドェヨ
주문해도 돼요?

注文してもよろしいですか?

語彙 주문（チュムン）「注文」

表現 《-해도（ヘド） 돼요?（トェヨ）》「～してもよいですか？」

文化 食堂ではキムチやナムルなどのおかわりが自由にできます。

ほかの人と同じものを頼む

チョゴックァ　カトゥン　ゴ　チュセヨ
저것과 같은 거 주세요.

あれと同じものをください。

語彙 저것과（チョゴックァ）「あれと」 같은（カトゥン）「同じ」

料理が出て来ないときは……

ヨリガ　アン　ナワヨ
요리가 안 나와요.

料理が出て来ません。

語彙 요리（ヨリ）「料理」 나오다（ナオダ）「出て来る」

プラスα 《안（アン） ～》の形で否定文をつくります（→ p.33）。

DL 4_17

食後の支払いに関するフレーズ

スマートな支払いで気持ちよく食事を終えましょう。

ごちそうするとき、されるとき

ヨギヌン　チェガ　ネルケヨ
여기는 제가 낼게요.
ここはわたしが出します。

タウメン　チェガ　サルケヨ
다음엔 제가 살게요.
次回はわたしがごちそうします。

여기는（ヨギヌン）は「ここは」、**제**（チェ）は「わたし」、**내다**（ネダ）は、「出す、支払う」という意味です。また、**다음엔**（タウメン）は「次には」、**사다**（サダ）は「おごる」の意味です。

食事の支払いに関しては、日本とは文化的な差があります。韓国では、割り勘がなかなか浸透していないこともあり、目上の人や男性が支払う場合が多いです。

また、ごちそうしていただく場合は、「では、次回はわたしが」という言葉でお礼の気持ちを伝えることがあります。

フレーズ1　割り勘を申し出る

ウリ　カクチャ　ネヨ
우리 각자 내요.

割り勘にしましょう。

語彙　우리（ウリ）「わたしたち」　각자（カクチャ）「各自」

文化　お互いにドライな関係を好む若者の間では割り勘にする場合もあります。

フレーズ2　お会計を頼む

ケサン　プタカムニダ
계산 부탁합니다.

お会計をお願いします。

語彙　계산（ケサン）「計算」

表現　《부탁합니다（プタカムニダ）》「お願いします」

文化　テーブルに座ったままでも、レジでも精算できます。

フレーズ3　クレジットカードで支払う

シニョンカドゥヌン　サヨンハル　ス　イッソヨ
신용카드는 사용할 수 있어요?

カードは使えますか?

語彙　신용카드（シニョンカドゥ）「クレジットカード」　사용하다（サヨンハダ）「使う」

フレーズ4　おつりの間違いを伝える

コスルムトニ　トゥルリョヨ
거스름돈이 틀려요.

おつりが間違っています。

語彙　거스름돈（コスルムトン）「おつり」　틀리다（トゥルリダ）「間違える」

DL 4_18

屋台などで使えるフレーズ

屋台は覚え立ての韓国語を話すチャンスがいっぱいです。

飲みに誘う

끝나고(クンナゴ) 마시러(マシロ) 가시지(カシジ) 않겠습니까(アンケッスムニッカ)?

このあと飲みにいきませんか?

물론(ムルロン) 좋지요(チョチヨ).

もちろん、いいですよ。

끝나고(クンナゴ)「終わってから」は、≪動詞の語尾＋고(ゴ)（時間順を表す接続形語彙）≫の形になっています。食事を挟んで一次会の飲み会、終わると二次会があるのは日本と似ており、《２**차**(チャ) **가자**(カジャ)!》「二次会に行こう！」と誘います。

二次会で屋台に行くのもいいですね。屋台を選ぶポイントは、女性客が多いお店、行列ができているお店、明るい性格のおばさんのお店です。また、屋台の経験がない人には東大門(トンデムン)市場や南大門(ナムデムン)市場が安心して楽しめると思います。

お酒を断る

チョ スル モン モゴヨ
저 술 못 먹어요.

わたしはお酒が飲めません。

語彙 술(スル)「酒」 먹다(モクタ)「(お酒を) 飲む」

表現 《못(モン)＋動詞》「～できない」

フレーズ 2

注文をする

トクポッキ イリンブン チュセヨ
떡볶이 1인분 주세요.

トッポキ1人前ください。

語彙 떡볶이(トクポッキ)「トッポキ」 인분(インブン)「～人前」

表現 《名詞＋주세요(チュセヨ)》「～ください」

フレーズ 3

お店の人とコミュニケーションする

マシッケ ヘ ジュセヨ
맛있게 해 주세요.

おいしくつくってください。

語彙 맛있게(マシッケ)「おいしく」

表現 《해(ヘ) 주세요(ジュセヨ)》「してください」

文化 日本語ではやや不自然に感じるフレーズですが、韓国ではお店の人に対してよくこのように話しかけます。

テイクアウトを頼む

サ ガジゴ カゲ ヘ ジュセヨ
싸 가지고 가게 해 주세요.

持ち帰り用にしてください。

語彙 싸(サ) 가지고(ガジゴ) 가게(カゲ) 「包んで行けるように」

トゥロブル
트러블
トラブル
DL
4_19
シノギ
신호기
信号機
フェンダンポド
횡단보도
横断歩道
クグプチャ
구급차
救急車
キョンチャルチャ
경찰차
パトカー
キョトンサゴ
교통사고
交通事故

パチュルソ
파출소
交番
경찰서
POLICE
ヨクォヌル　イロボリョッソヨ
여권을 잃어버렸어요.
パスポートを失くしました。
キョンチャルグァン
경찰관
警察官
チド
지도
地図
シルレジマン　ヨギガ　オディエヨ
실례지만 여기가 어디에요?
失礼ですが、ここはどこですか?
トドゥク
도둑
泥棒

DL 4_20

道に迷った際に使えるフレーズ

道に迷ってしまったときは、地元の人に道を聞くのがいちばんです。

地元の人に現在地を尋ねる

シルレジマン　ヨギガ　オディエヨ
실례지만 여기가 어디에요?
失礼ですが、ここはどこですか?

チュンムロエヨ
충무로에요.
忠武路です。

어디（オディ）「どこ」（→ p.82）を使って、現在地を尋ねましょう。여기가（ヨギガ）は「ここは」という意味です。また、次の表現もぜひ覚えておきましょう。

キルル　イロボリョッソヨ
길을 잃어버렸어요.
道に迷いました。

길을 잃다（キルル イルタ）で「道に迷う」という意味です。《-아/어（ア/オ） + 버렸다（ボリョッタ）》で「～してしまう」という意味になります。

フレーズ 1 道を尋ねる

キルル カルチョ ジュセヨ
길을 가르쳐 주세요.
道を教えてください。

語彙 길（キル）「道」 가르치다（カルチダ）「教える」

表現 《-아/어 주세요（ア オ ジュセヨ）》「～してください」

フレーズ 2 地図を広げて現在地を尋ねる

チグム イ チド オヌ ゴセ イッソヨ
지금 이 지도 어느 곳에 있어요?
いま、この地図のどこにいますか?

語彙 지금（チグム）「いま」 지도（チド）「地図」 어느 곳에（オヌ ゴセ）「どのところに（＝どこに）」

表現 《있어요?（イッソヨ）》「いますか？」（→ p.70）

フレーズ 3 行き先を伝える

ミョンドンエ カゴ シプンデヨ
명동에 가고 싶은데요.
明洞に行きたいのですが。

語彙 가다（カダ）「行く」

表現 《-싶은데요（シプンデヨ）》「～したいのですが」

フレーズ 4 行き方を尋ねる

オットケ カミョン ドェジョ
어떻게 가면 되죠?
どのように行けばよいですか?

語彙 어떻게（オットケ）「どのように」（→ p.86）

15

DL 4_21

紛失・盗難に関するフレーズ

紛失や盗難の被害にあってしまったらすぐに警察署に届けましょう。

警察署にて、紛失届けを出す

여권을（ヨクォヌル） **잃어버렸어요.**（イロボリョッソヨ）

パスポートを失くしました。

언제（オンジェ） **어디서**（オディソ）

잃어버렸어요?（イロボリョッソヨ）

いつどこで失くしましたか?

여권（ヨクォン）は「パスポート」、《**잃어버렸어요**（イロボリョッソヨ）》は「失くしました」という意味です。《**잃어버렸어요**（イロボリョッソヨ）》には、p.132で見たように、「迷いました」という意味もあります。

언제（オンジェ）は「いつ」、**어디서**（オディソ）は「どこで」という疑問詞です（→ p.82）。このように聞かれたら、失くした場所と時間の心あたりを伝えましょう。

フレーズ1 大使館にてパスポートの再発行を頼む

チェバレンヘ　ジュセヨ
재발행해 주세요.
再発行してください。

語彙 재발행（チェバレン）「再発行」

表現 《-아/어 주세요（ア オ ジュセヨ）》「～してください」

文化 パスポートを失くした場合は、大使館で再発行してもらうことになります。

フレーズ2 ひったくりにあったら大声で叫ぶ

ク　ナムジャルル　プッチャバ　ジュセヨ
그 남자를 붙잡아 주세요.
その男を捕まえてください。

語彙 그 남자（ク ナムジャ）「その男」　붙잡다（プッチャプタ）「捕まえる」

フレーズ3 警察にて、盗難被害を申し立てる

チガブル　トナン　ダンヘッソヨ
지갑을 도난 당했어요.
財布を盗まれました。

語彙 지갑（チガプ）「財布」　도난（トナン）「盗難」

表現 《도난 당했어요（トナン ダンヘッソヨ）》「盗まれました」

フレーズ4 警察署にて、盗難証明書をつくってもらう

トナン　ジュンミョンソ　マンドゥロ　ジュセヨ
도난 증명서 만들어 주세요.
盗難証明書をつくってください。

語彙 증명서（チュンミョンソ）「証明書」　만들다（マンドゥルダ）「つくる」

コンソトゥ
콘서트
コンサート
DL 4_22
メピョソ
매표소
チケット売り場
티켓
TICKET
티켓
TICKET
K-POP
ポスト
포스터
ポスター
オヌル コンヨン ポル ス イッソヨ
오늘 공연 볼 수 있어요?
今日、公演を見ることができますか?
アティストゥ
아티스트
アーティスト
サイネ ジュセヨ
사인해 주세요.
サインしてください。
サイン
사인
サイン

ムデ
무대
ステージ
スポトゥライト
스포트라이트
スポットライト
アイドル
아이돌
アイドル
ペン
팬
ファン
愛
LOVE
ヤグァンボン
야광봉
ペンライト
LOVE
プチェ
부채
うちわ

DL 4_23

会場に行くときに使えるフレーズ

K-POP はいまも大人気！　韓国語会話のチャンスもたっぷりです。

コンサートのチケットを入手する

オヌル　コンヨン
오늘 공연
ポル　ス　イッソヨ
볼 수 있어요?
今日、公演を見る
ことができますか?

ク　カスエ　コンソトゥ　ピョヌン　チョムチョロム
그 가수의 콘서트 표는 좀처럼
クハギ　オリョプスムニダ
구하기 어렵습니다.
あの歌手のコンサートチケットは
なかなか手に入りませんよ。

「今日」は、韓国語で**오늘**（オヌル）、「公演」は**공연**（コンヨン）と言います。日本語に似ていますね。なお、「公演」と同じ意味ですが「コンサート」は英語をそのまま読むように、**콘서트**（コンソトゥ）といいます。「～することができますか？」は、《-ㄹ 수 있어요?》（ル ス イッソヨ）(→ p.74)で表現できます。

チケットが手に入らないなら仕方ないですが、もし入手できそうなら《어디서 해요?》（オディソ ヘヨ）「どこでやっていますか？」といって公演の場所を聞いてみましょう。

フレーズ 1 チケット売り場で当日券を購入したいと伝える

タンイルクォヌン　イッソヨ

당일권은 있어요?

当日券はありますか?

語彙 당일권（タンイルクォン）「当日券」

文化 前売券は外国人対応をしているチケットサイトや、購入代行する会社を利用して入手しましょう。

フレーズ 2 コンサートの入場料を確認する

イプチャンニョヌン　オルマエヨ

입장료는 얼마에요?

入場料はいくらですか?

語彙 입장료（イプチャンニョ）「入場料」

表現 《얼마예요?》（オルマエヨ）「いくらですか」

プラスα かしこまった言い方では《얼마입니까?》（オルマイムニッカ）となります。

フレーズ 3 チケット売り場で購入したい枚数を伝える

ティケッ　トゥ　ジャン　チュセヨ

티켓 두 장 주세요.

チケット 2 枚ください。

語彙 티켓（ティケッ）「チケット」　장（チャン）「枚」

表現 《주세요》（チュセヨ）「ください」

フレーズ 4 行列の最後尾に並ぼうとするときに確認する

コンソトゥ　チュリエヨ

콘서트 줄이에요?

コンサートの列ですか?

語彙 줄（チュル）「列」

DL 4_24

スターに会ったときに使えるフレーズ

お目当てのアーティストに出会ったら、気持ちを伝えましょう。

好きな芸能人にサインをお願いする

チョアヨ
좋아요.
いいですよ。

サイネ　ジュセヨ
사인해 주세요.
サインしてください。

「～してください」と言いたい場合は《-아/어(アオ) 주세요(ジュセヨ)》を使います。上品に尋ねたいときは、《**사인(サイン) 부탁(プタク) 드려요(トゥリョヨ).**》「サインをお願いできませんか」と言いましょう。《부탁(プタク) 드려요(トゥリョヨ).》は、「お願い申し上げます」といったニュアンスです。**드리다**(トゥリダ)「差し上げる、～いたす」に、丁寧な語尾**-아/어요**(アオヨ)がついて、**드려요**(トゥリョヨ)「差し上げます、～いたします」になります。

また**좋아요**(チョアヨ)の辞書形は**좋다**(チョタ)です。これは「良い」という意味の形容詞で、単独で述語になることができます。

フレーズ 1 コンサートアーティストに声をかける

ノムノム　ポゴ　シポッソヨ
너무너무 보고 싶었어요.
とても会いたかったです。

語彙 너무너무(ノムノム)「とても」 보고(ポゴ) 싶다(シプタ)「会いたい」

プラスα 「ファンです」は《팬(ペン) 이에요.(イエヨ)》と言います。

フレーズ 2 握手会でアーティストに呼びかける

アクスへ　ジュセヨ
악수해 주세요.
握手してください。

語彙 악수(アクス)「握手」

フレーズ 3 出会ったアーティストに気持ちを伝える

サランエヨ
사랑해요.
愛しています。

文化 韓国では《사랑해요.(サランエヨ)》は男女間だけではなく、親子や友達などのあいだで幅広く使われます。日本語で言う「大事にするよ」という意味に近いです。

フレーズ 4 アーティストの写真を撮る

サジヌル　チゴド　ドェルッカヨ
사진을 찍어도 될까요?
写真を撮ってもいいですか?

語彙 사진을(サジヌル) 찍다(チクタ)「写真を撮る」

表現 《-아/어도(ア/オド) 될까요?(ドェルッカヨ)》「～してもいいですか？」

チムジルバン
찜질방
チムジルバン
DL 4_25
ラッコルム
락커룸
ロッカールーム
チャパンギ
자판기
自動販売機
トゥライオ
드라이어
ドライヤー
ファジャンプム
화장품
化粧品
Drink
Beauty
イェヤク ア ネンヌンデ クェンチャナヨ
예약 안 했는데 괜찮아요?
予約してなかったのですが大丈夫ですか?
プロントゥ
프론트
フロント
Beauty
ラウンジ
라운지
ラウンジ
オメニティ
어메니티
アメニティ

한증막
スゴン
수건
タオル
ウェオ
웨어
ウェア
オッケ キョルリミ シメヨ
어깨 결림이 심해요.
肩こりがひどいです。
マサジ
맛사지
マッサージ

DL 4_26

チムジルバンに行くときに使うフレーズ

いまや、エステは韓国文化のひとつ。チムジルバンに行きましょう！

チムジルバンの受付に話しかける

イェヤク　ア　ネンヌンデ　クェンチャナヨ
예약 안 했는데 괜찮아요?
予約してなかったのですが大丈夫ですか?

クェンチャンスムニダ
괜찮습니다.
大丈夫です。

예약(イェヤク)は「予約」という意味です。エステは予約しておいた方がよいです。エステサロンを見つけたら覚えておいて予約を入れましょう。

韓国式の汗蒸幕（ハンジュンマク）やエステなどは、旅の疲れをいやすばかりでなく、美容のためにもぜひ一度行ってみてください。

안(アン)は「～しない」という否定の表現です（→ p.33)。「予約しましたが」《**예약**(イェヤク) **했는데**(ヘンヌンデ)》を否定文にして、「予約しませんでしたが」とする場合、《**예약**(イェヤク) **안**(ア) **했는데**(ネンヌンデ)》となります。

フレーズ 1 予約時間と人数を伝える

ヨソッシエ ハン サラム プタケヨ
6시에 한 사람 부탁해요.
6 時に1人お願いします。

語彙 시(シ)「時」 사람(サラム)「人」 부탁(プタク)「お願い、頼み」

フレーズ 2 コースを選んでみる

オットン コスガ イッソヨ
어떤 코스가 있어요?
どんなコースがありますか?

語彙 어떤(オットン)「どんな」 코스(コス)「コース」

文化 マッサージやあかすり、汗蒸幕（ハンジュンマク）などのコースが人気です。

フレーズ 3 コースの料金を尋ねてみる

イ コスロ オルマエヨ
이 코스로 얼마에요?
このコースでいくらですか?

表現 《얼마에요?(オルマエヨ)》「いくらですか？」

プラスα かしこまった言い方では《얼마입니까?(オルマイムニッカ)》「おいくらでしょうか？」になります。

フレーズ 4 マッサージにかかる時間を尋ねてみる

シガニ オルマナ コルリルッカヨ
시간이 얼마나 걸릴까요?
時間はどれぐらいかかりますか?

語彙 시간(シガン)「時間」 얼마나(オルマナ)「どれくらい」 걸리다(コルリダ)「かかる」

DL 4_27

チムジルバンのなかで使うフレーズ

言葉がわからないからと尻込みせず、きちんと希望を伝えましょう。

とくにマッサージしてほしい箇所を伝える

オッケ　キョルリミ　シメヨ
어깨 결림이 심해요.
肩こりがひどいです。

アルゲッスムニダ
알겠습니다.
わかりました。

「肩」は、韓国語で**어깨**（オッケ）。「肩の痛み」は、韓国語で**어깨결림**（オッケキョルリム）です。動詞の**결리다**（キョルリダ）「こる」は、名詞化すると**결림**（キョルリム）「こり」となります。

チムジルバンでは「あかすり」を忘れてはいけません。なかには、丸裸になって、まな板の鯉のようになるのは恥ずかしくていやという人もいますが、意外と体験してみるとすっきりして気持ちいいと思います。

「あかすり」の希望を伝える

テミリルル　プタケヨ
때밀이를 부탁해요.

あかすりをお願いします。

語彙 때（テ）「垢」　밀이（ミリ）「垢をする人、垢をすること」

表現 《부탁해요（プタケヨ）》「お願いします」

力加減の調節をお願いする

チョム　ド　ヤカゲ　ミロ　ジュセヨ
좀 더 약하게 밀어 주세요.

もう少し弱くこすってください。

語彙 좀（チョム）「ちょっと」　약하게（ヤカゲ）「弱く」　밀다（ミルダ）「垢をこする」

プラスα 痛いときは《아파요（アパヨ）》「痛いです」と伝えましょう。

感想を伝える

チョンマル　シウォネヨ
정말 시원해요.

とても気持ちいいです。

語彙 정말（チョンマル）「とても」　시원하다（シウォナダ）「すっきりする、さっぱりする」

チムジルバンの売店で見たことのある飲み物を見たとき

トゥラマエソ　チャジュ　ポァッソヨ
드라마에서 자주 봤어요.

ドラマでよく見ました。

語彙 드라마（トゥラマ）「ドラマ」　자주（チャジュ）「しばしば」

文化 식혜（シケ）「シッケ、韓国甘酒」を買うときに使うフレーズです。식혜（シケ）は韓国ドラマのチムジルバンの光景で登場人物が飲んでいる定番の飲み物です。

병원・약국
ピョンウォン ヤックク

病院・薬局

DL 4_28

감기약
위장약
두통약
ヤク
약
薬
ヤクチェサ
약제사
薬剤師
カムギヤグル チュセヨ
감기약을 주세요.
風邪薬をください。
コンガン ウムニョ
건강 음료
栄養ドリンク
パンチャンゴ
반창고
絆創膏
プンデ
붕대
包帯
붕대

DL 4_29

病院で使えるフレーズ

旅先で思わぬ病を得ることも！　転ばぬ先の杖です。

病院で、痛む箇所を伝える

オディガ　アプセヨ
어디가 아프세요?
どこが痛みますか?

ペ　チョギエヨ
배 쪽이에요.
おなかのあたりです。

病院で医師に具合を聞かれたら、症状を言えるようにしましょう。「～が痛みますか？」は《-이/가 아프세요?（イ/ガ アプセヨ）》となります。「～が痛みます」も、《-이/가 + 아파요（イ/ガ アパヨ）》と、似たようなフレーズになります。

症状の説明のあとに、痛み始めた時間を聞かれることがあります。《**언제부터에요?**（オンジェブトエヨ）》「いつからですか？」と尋ねられたら、《**오늘 아침부터에요.**（オヌル アチムブトエヨ）》「今朝からです」のように答えてください。《**-에요**（エヨ）》は「～です」という意味です。

突然具合が悪くなったとき、近くの人に助けを求める

クグプチャルル　プルロ　ジュセヨ
구급차를 불러 주세요.

救急車を呼んでください。

語彙　구급차（クグプチャ）「救急車」　부르다（プルダ）「呼ぶ」

フレーズ2　病院の窓口で診療を受け来たことを伝える

チルリョ　パドゥロ　ワンヌンデヨ
진료 받으러 왔는데요.

診察を受けに来たのですが。

語彙　진료（チルリョ）「診察」　받다（パッタ）「受ける」

プラスα　《-는데요（ヌンデヨ）》は「～なのですが」という婉曲的な言い回しです。

フレーズ3　韓国語が理解できないことを周囲に伝える

イルボノルル　ハル　ス　インヌン　ウィサ　イッスムニッカ
일본어를 할 수 있는 의사 있습니까?

日本語を話せるお医者さんはいますか?

語彙　일본어（イルボノ）「日本語」　의사（ウィサ）「医師」

表現　《있습니까?（イッスムニッカ）》「いますか？　ありますか？」

《-를 할 수 있다（ルル ハル ス イッタ）》「～をすることができる」

フレーズ4　医師に病名を伝える

カムギエ　コルリョッスムニダ
감기에 걸렸습니다.

風邪を引きました。

語彙　감기（カムギ）「風邪」　걸리다（コルリダ）「かかる」

DL 4_30

薬局で使えるフレーズ

病院に行くのがおっくうなときや、ちょっとした風邪なら薬局へ。

薬局で風邪薬を求める

カムギヤグル　チュセヨ
감기약을 주세요.
風邪薬をください。

ヨギソ　モッコ　ガシゲッソヨ
여기서 먹고 가시겠어요?
ここで飲んでいきますか?

감기약(カムギヤク)は「風邪薬」です。「〜をください」は《**-을/를 주세요**(ウル/ルル チュセヨ)》でしたね。

여기서(ヨギソ)は「ここで」、**먹다**(モクタ)は「(薬などを) 飲む」、**가다**(カダ)は「行く」です。「〜して」というときには**-고**(コ)を使い、**먹고 가다**(モッコ カダ)で「飲んで行く」という意味になります。また、《**먹고 가시겠어요?**(モッコ カシゲッソヨ)》というフレーズのなかの、**-시-**(シ)には尊敬、**-겠-**(ゲッ)には意志、**-어요**(オヨ)には丁寧のニュアンスがあります。

フレーズ1 食べすぎておなかの調子が悪いことを伝える

ペタリ ナッソヨ
배탈이 났어요.
おなかを壊しました。

語彙 배탈（ペタル）「腹痛」 나다（ナダ）「起こる」

プラスα 《났어요（ナッソヨ）》は《나다（ナダ）＋ㅆ어요（ッソヨ）》の形で過去形になります（→ p.80）。

フレーズ2 アレルギーを伝える

アルレルギガ イッソヨ
알레르기가 있어요.
アレルギーがあります。

語彙 알레르기（アルレルギ）「アレルギー」

表現 《–가 있어요（ガ イッソヨ）》「～があります」（→ p.70）

フレーズ3 薬の服用についての説明を受ける

シクサ サムシップン フエ トゥセヨ
식사 30분 후에 드세요.
食事の30分後に飲んでください。

語彙 식사（シクサ）「食事」 ～분 후（プン フ）「～分後」

表現 《드세요（トゥセヨ）》「召し上がってください」

フレーズ4 薬の服用数を尋ねる

ミョ ダルッシン モグミョン ドェヨ
몇 알씩 먹으면 돼요?
何錠ずつ飲めばいいですか？

語彙 알（アル）「～錠、～カプセル」 –씩（シク）「～ずつ」 먹다（モクタ）「食べる、飲む」

表現 《–(으)면 돼요?（ウ ミョン ドェヨ）》は「～すればよいですか？」という意味です。

トンシン
통신
通信
DL 4_31
ピシ
피시
パソコン
ペイスブグル ハゴ ゲセヨ
페이스북을 하고 계세요?
フェイスブックをやっていますか?
ヨボセヨ ユナ シ ケセヨ
여보세요. 윤아 씨 계세요?
もしもし、ユナさんはご在宅ですか?
スマトゥポン
스마트폰
スマートフォン
ピシバン
피시방
インターネットカフェ
チュンジョンギ
충전기
充電器

ウチェグク
우체국
郵便局

KOREA POST
우체국

イ チムル イルボヌロ
이 짐을 일본으로
ポネゴ シプンデヨ
보내고 싶은데요.
この荷物を日本まで送りたいのです。

1 2

ピョンジジ
편지지
便せん

ポントゥ
봉투
封筒

ウピョ
우표
切手

ウチェトン
우체통
ポスト

서비스

ヨプソ
엽서
はがき

ピョンジ
편지
手紙

ソポ
소포
小包

DL
4_32

電話に関するフレーズ

電話での会話は、意外に難しいもの。繰り返し練習しましょう。

友人宅の固定電話にかけるとき

ヨボセヨ
여보세요.
ユナ　シ　ケセヨ
윤아 씨 계세요?
もしもし、ユナさんはご在宅ですか?

ネー　チャムシマン　キダリセヨ
네, 잠시만 기다리세요.
パックォ　ドゥリルケヨ
바꿔 드릴게요.
はい、ちょっと待ってください。
呼んできます。

電話で「もしもし」と言うときには《여보세요.(ヨボセヨ)》と言います。

「**씨**(シ)」は漢字で表すと「氏」のことです。目上の人にはあまり使わず、目下の人や恋人に対して「名前＋**씨**(シ)」と呼びかけます。

《계세요?(ケセヨ)》は「いらっしゃいますか？」という意味です。

잠시만(シャンシマン)は「しばらくの間」、**기다리다**(キダリダ)は「待つ」、《**바꿔 드릴게요.**(パックォ ドゥリルケヨ)》は直訳すると「替わって差し上げますね。」という意味です。

フレーズ 1 会社や目上の方へ電話するとき

パップシンデ　チェソンハンデヨ
바쁘신데 죄송한데요.
お忙しいところ、申し訳ありません。

表現 《바쁘신데（パップシンデ）》「お忙しいところ」
《죄송한데요（チェソンハンデヨ）》「申し訳ありません」

フレーズ 2 電話の声が遠いことを伝える

チョヌァガ　チャル　アン　ドゥルリヌンデヨ
전화가 잘 안 들리는데요.
電話が少し遠いようです。

語彙 전화（チョヌァ）「電話」

プラスα 《안（アン）＋動詞・形容詞》で否定形になります（→ p.33）。

フレーズ 3 相手の会話が聞き取れないとき

チョム　ド　チョンチョニ　マルッスメ　ジュセヨ
좀 더 천천히 말씀해 주세요.
もう少しゆっくり話してください。

語彙 좀（チョム）「少し」　천천히（チョンチョニ）「ゆっくり」　말씀하시다（マルッスマシダ）「おっしゃる」

フレーズ 4 相手に電話をかけなおすとき

ナジュンエ　タシ　チョヌァ　ドゥリゲッスムニダ
나중에 다시 전화 드리겠습니다.
のちほど、またお電話いたします。

語彙 나중에（ナジュンエ）「のちほど」　다시（タシ）「また、もういちど」　전화（チョヌァ）「電話」

表現 《드리겠습니다（トゥリゲッスムニダ）》「差し上げます、申し上げます」

23

DL 4_33

インターネットに関するフレーズ

旅先から連絡をとって、友人関係をどんどん広げてみましょう。

友人にSNSを尋ねる

ペイスブグル ハゴ ゲセヨ
페이스북을 하고 계세요?
フェイスブックをやっていますか?

ムォンデヨ
뭔데요?
それ何ですか?

韓国でも近年はfacebookがかなり広がっています。出会ってまもない相手でも電話番号を教えてもらうような感覚で、《**친구신청을 해도 돼요**(チングシンチョンウル ヘド ドェヨ)?》「友達申請してもいいですか？」と気軽に聞いてきたりします。ただ主流というわけではなく、知らない人もいます。というのも、韓国で友達とのネット上の交流という点で圧倒的なシェアを占めているのはカカオトークであり、日本で定着しているツイッターやメールよりも多いのです。それに、日本でいま流行しているLINEも近年は増えてきました。

《**뭔데요**(ムォンデヨ)?》は「それ何ですか？」と、意外性を強調するフレーズです。《**왜 그래**(ウェ グレ)?》という言葉もあり、これは「どうしたの？」など、単に理由を聞くときに使います。

フレーズ 1 初対面の相手にアドレスを聞いてみる

メイル　チュソルル　カルチョ　ジュセヨ
메일 주소를 가르쳐 주세요.
メールアドレスを教えてください。

語彙 메일 주소（メイル チュソ）「メールアドレス」 가르치다（カルチダ）「教える」

フレーズ 2 Wi-Fiが使えるか尋ねる

ワイパイ　サヨンハル　ス　インナヨ
와이파이 사용할 수 있나요?
Wi-Fiを使えますか?

語彙 와이파이（ワイパイ）「Wi-Fi」 사용하다（サヨンハダ）「使用する」

表現 《-ㄹ 수 있나요?》（ル ス イッソヨ）「〜することができますか？」（→ p.74）

フレーズ 3 Wi-Fiのパスワードを尋ねる

ワイパイ　ピミルボノガ　ムォエヨ
와이파이 비밀번호가 뭐에요?
Wi-Fiのパスワードは何ですか?

語彙 비밀번호（ピミルボノ）「パスワード」

表現 《뭐에요?》（ムォエヨ）「何ですか？」

フレーズ 4 ネットにどうしてもつながらないとき

イントネッ　チョプソギ　アン　ドェヨ
인터넷 접속이 안 돼요.
インターネットに接続できません。

語彙 인터넷（イントネッ）「インターネット」 접속（チョプソク）「接続」

表現 《안 돼요》（アン ドェヨ）「だめです、できません」

STEP4 24 DL 4_34

郵便に関するフレーズ

日本に荷物を送るためにも、郵便局での会話はとても大切です。

荷物を送る

イ チムル イルボヌロ
이 짐을 일본으로
ポネゴ シプンデヨ
보내고 싶은데요.

この荷物を日本まで送りたいのですが。

ヨギエ ソンハム チュソ
여기에 성함, 주소,
チョヌァボノルル チョゴ ジュセヨ
전화번호를 적어 주세요.

ここに、お名前、住所、電話番号を書いてください。

飛行機のなかに持ち込める荷物の制限を超えると高い郵送料を請求されますので、事前に郵便で送るようにしましょう。

이(イ)は「この」、**화물**(ファムル)は「荷物」、**보내다**(ポネダ)は「送る」です。

《−고 싶다》(コ シプタ)は「〜したい」という意味で、1人称の主語についての希望を表します。**싶다**(シプタ)は、語幹最後の文字の母音がㅣでパッチムがあるので、会話では《−고 싶어요》(コ シポヨ)「〜したいです」の形で使われます。また、《−고 싶은데요》(コ シプンデヨ)は「〜したいのですが」と婉曲的な願望を表します。

フレーズ 1 郵便局を探すとき

イ グンチョエ ウチェグク イッソヨ
이 근처에 우체국 있어요?
この近くに郵便局はありますか?

語彙 근처에（クンチョエ）「近くに」 우체국（ウチェグク）「郵便局」

表現 《있어요?（イッソヨ）》「ありますか」（→ p.70）

切手を貼って手紙を送る

イルボンッカジ ウピョ カプシ オルマエヨ
일본까지 우표 값이 얼마에요?
日本までの切手代はいくらですか?

語彙 우표（ウピョ）「切手」 값（カプ）「～代」

表現 《얼마에요?（オルマエヨ）》「いくらですか？」

送り状などの書き方がわからないとき

スヌン バンボブル アルリョ ジュセヨ
쓰는 방법을 알려 주세요.
書き方を教えてください。

語彙 방법（バンボプ）「方法」 알리다（アルリダ）「知らせる」

到着までの日数を尋ねる

イルボンッカジ オルマナ コルリョヨ
일본까지 얼마나 걸려요?
日本までどのくらいかかりますか?

語彙 일본（イルボン）「日本」 얼마나（オルマナ）「どのくらい」 걸리다（コルリダ）「かかる」

文化 航空便なら１～２週間ほどかかります。急ぎの場合はEMSで送ると２日～４日ほどで届きます。

ハングルでメールを書いてみよう！

新規メッセージ

From :Hana@ ×××. ××.jp
To :Changming@ ▲▲▲. ▲▲.kr
Date :2017,1,30 14:28:15
Subject : 고마워요.

1 창민 씨!（チャンミン シ）

2 한국에서 신세 많았어요.（ハングゲソ シンセ マナッソヨ）

3 여러가지로 잘 해 주셔서 정말 고마웠어요.（ヨロガジロ チャ レ ジュショソ チョンマル コマウォッソヨ）

4 근데 일본에는 언제 오실 수 있어요?（クンデ イルボネヌン オンジェ オシル ス イッソヨ）

5 일본에 오시면 그 때 신세 갚아야죠. ㅎㅎㅎ（イルボネ オシミョン ク テ シンセ カパヤジョ）

6 한국에서 만났던 고마운 분들 보고 싶어요. ㅠㅠ（ハングゲソ マンナットン コマウン ブンドゥル ポゴ シポヨ）

7 메일로라도 자주 연락하고 지내요.（メイルロラド チャジュ ヨルラカゴ チネヨ）

8 그럼 또 쓸게요.（クロム ト スルケヨ）

9 안녕!（アンニョン）

10 하나（ハナ）

和訳

件名　ありがとう。

1　チャンミンさん！

2　韓国では、お世話になりました。

3　いろいろと気を使っていただき、本当にありがとうございました。

4　ところで、日本にはいついらっしゃいますか？

5　日本にいらっしゃったときには、お返しをしなくちゃ。（フフフ）

6　韓国でお会いした、ありがたい皆さんに会いたいです。
（会えなくて悲しいわ）

7　メールでもしょっちゅう連絡しながら過ごしましょう。

8　では、また、書きますね。

9　アンニョン！

10　はな

つぎのページでそれぞれの
文の詳しい解説をしています。

メールやインターネットの文字

メールやインターネットのテキストでは、韓国でも日本と同じように文字や記号を組み合わせて、気持ちを表す記号をつくることがあります。

ㅠㅠ　（ㅠ＿ㅠ）（ㅜ＿ㅜ）「悲しい」
(-_-)「理解に苦しむ」　　wwww「笑う」
ㅋㅋㅋ「ククク」　　ㅎㅎ　ㅎㅎㅎㅎ「フフフ」
ㅇㅇ　(-_-+)「不機嫌（じっと見つめる、にらむ目の形)」

解説

1
《人の名前+씨(ッシ)》で「～さん」という意味になります。
メールの冒頭はこのように書きます。

2
한국에서(ハングゲソ)「韓国で」です。-에서(エソ)は場所を示す助詞でしたね（→ p.35）。**신세**(シンセ)と**많았어요**(マナッソヨ)はそれぞれ「お世話」と「たくさんでした」の意味ですが、2つを合わせると「お世話になりました」と訳します。

3
여러가지로(ヨロガシロ)は「いろいろ」、**잘 해 주셔서**(チャ レ ジュソヨ)は、**잘 해 주**(チャ レ ジュ)-（動詞「よくしてくれる」の語幹）+셔(ショ)（尊敬を表す語尾）+서(ソ)（理由を表す接続形語尾「～して」）で、「よくしてくださって」の意味になります。고마웠어요(コマウォッソヨ)は「ありがとうございました」です。

4
근데(クンデ)は「ところで」という意味で、話題を変えるときに使います。**일본에는**(イルボネヌン)は「日本には」という意味です。언제(オンジェ)は「いつ」という疑問詞（→ p.80）、**오실 수 있어요?**(オシル ス イッソヨ)は**오시**(オシ)-（動詞「いらっしゃる」の語幹）+ㄹ 수 있어요?(ル ス イッソヨ)（可能の表現「～できますか?」→ p.74）で、「いらっしゃいますか」の意味になります。

韓国人のお友達にメールを
出してみましょう。
きっと韓国語ももっと上達するはず！

5 **일본에**(イルボネ)は「日本に」、**오시면**(オシミョン)は「来られれば」、**그 때**(ク テ)は「そのとき」です。**갚아야죠**(カパヤジョ)は、**갚**(カプ)-（動詞「お返しする」の語幹）＋**아야**(アヤ)（当然を表す接続形語尾「～しなければならない」）＋**죠**(ジョ)（強い意志を表す語尾「～しますよ」）で、「当然、お返ししなければと思っていますよ」という意味になります。**ㅎㅎㅎ**はインターネットやメールなどで使われる文字で、「フフフ」のようなニュアンスがあります。

6 **한국에서**(ハングゲソ)は「韓国で」、**만났던**(マンナットン)は**만나**(マンナ)-（動詞「会う」の語幹）＋**았던**(アットン)（過去の経験を表す語尾「～していた」）がついて、「会っていた」という意味です。**고마운**(コマウン)は「ありがたい」、**분들**(ブンドゥル)は「皆さん」です。また、**보고 싶어요**(ポゴ シポヨ)は、**보**(ポ)-（動詞「会う」の語幹）＋고 싶(ゴ シプ)-（希望を表す語尾「～したい」）＋**어요**(オヨ)（親しみを表す語尾「～ですよ」）の形で、「会いたいです」の意味になります。**ㅠㅠ**はメールで使う文字で「悲しい」というニュアンスです。

7 **메일로라도**(メイルロラド)は、**메일**(メイル)＋로(ロ)（方法を表す助詞「～で」）＋**라도**(ラド)（選択を表す助詞「～でも」）がついて、「メールででも」の意味です。**자주**(チャジュ)は「しばしば」、**연락하고 지내요**(ヨルラカゴ チネヨ)は、**연락하**(ヨルラカ)-（動詞「連絡する」の語幹）＋**고**(ゴ)（並列を表す接続形語尾「～ながら」）＋**지내**(チネ)-（動詞「過ごす」の語幹）＋**요**(ヨ)（親しみを表す語尾「ですよ」）の形で、「連絡しながら過ごしましょう」となります。

8 **그럼**(クロム)は「それでは」**또**(ト)は「また」です。**쓸게요**(スルケヨ)は、**쓰**(ス)-（動詞「書く」の語幹）＋**ㄹ게**(ルケ)（強い意志を表す語尾「～するから」）＋**요**(ヨ)（親しみを表す語尾「～ですよ」）がついて、「書きますから」の意味です。

9 안녕!(アンニョン)は親しい間柄のあいさつです。メールの締めくくりに入れましょう。

10 署名も忘れずに入れましょう。

ハングル表は日本語の五十音表にあたります。
基本の文字を覚えましょう。

		基本母音									
		ㅏ	ㅑ	ㅓ	ㅕ	ㅗ	ㅛ	ㅜ	ㅠ	ㅡ	ㅣ
基本子音	ㄱ	가 (カ/ガ)	갸 (キャ/ギャ)	거 (コ/ゴ)	겨 (キョ/ギョ)	고 (コ/ゴ)	교 (キョ/ギョ)	구 (ク/グ)	규 (キュ/ギュ)	그 (ク/グ)	기 (キ/ギ)
	ㄴ	나 (ナ)	냐 (ニャ)	너 (ノ)	녀 (ニョ)	노 (ノ)	뇨 (ニョ)	누 (ヌ)	뉴 (ニュ)	느 (ヌ)	니 (ニ)
	ㄷ	다 (タ/ダ)	댜 (ティャ/ディャ)	더 (ト/ド)	뎌 (ティョ/ディョ)	도 (ト/ド)	됴 (ティョ/ディョ)	두 (トゥ/ドゥ)	듀 (ティュ/ディュ)	드 (トゥ/ドゥ)	디 (ティ/ディ)
	ㄹ	라 (ラ)	랴 (リャ)	러 (ロ)	려 (リョ)	로 (ロ)	료 (リョ)	루 (ル)	류 (リュ)	르 (ル)	리 (リ)
	ㅁ	마 (マ)	먀 (ミャ)	머 (モ)	며 (ミョ)	모 (モ)	묘 (ミョ)	무 (ム)	뮤 (ミュ)	므 (ム)	미 (ミ)
	ㅂ	바 (パ/バ)	뱌 (ピャ/ビャ)	버 (ポ/ボ)	벼 (ピョ/ビョ)	보 (ポ/ボ)	뵤 (ピョ/ビョ)	부 (プ/ブ)	뷰 (ピュ/ビュ)	브 (プ/ブ)	비 (ピ/ビ)
	ㅅ	사 (サ)	샤 (シャ)	서 (ソ)	셔 (ショ)	소 (ソ)	쇼 (ショ)	수 (ス)	슈 (シュ)	스 (ス)	시 (シ)
	ㅇ	아 (ア)	야 (ヤ)	어 (オ)	여 (ヨ)	오 (オ)	요 (ヨ)	우 (ウ)	유 (ユ)	으 (ウ)	이 (イ)
	ㅈ	자 (チャ/ジャ)	쟈 (チャ/ジャ)	저 (チョ/ジョ)	져 (チョ/ジョ)	조 (チョ/ジョ)	죠 (チョ/ジョ)	주 (チュ/ジュ)	쥬 (チュ/ジュ)	즈 (チュ/ジュ)	지 (チ/ジ)
激音	ㅊ	차 (チャ)	챠 (チャ)	처 (チョ)	쳐 (チョ)	초 (チョ)	쵸 (チョ)	추 (チュ)	츄 (チュ)	츠 (チュ)	치 (チ)
	ㅋ	카 (カ)	캬 (キャ)	커 (コ)	켜 (キョ)	코 (コ)	쿄 (キョ)	쿠 (ク)	큐 (キュ)	크 (ク)	키 (キ)
	ㅌ	타 (タ)	탸 (ティャ)	터 (ト)	텨 (ティョ)	토 (ト)	툐 (ティョ)	투 (トゥ)	튜 (ティュ)	트 (トゥ)	티 (ティ)
	ㅍ	파 (パ)	퍄 (ピャ)	퍼 (ポ)	펴 (ピョ)	포 (ポ)	표 (ピョ)	푸 (プ)	퓨 (ピュ)	프 (プ)	피 (ピ)
	ㅎ	하 (ハ)	햐 (ヒャ)	허 (ホ)	혀 (ヒョ)	호 (ホ)	효 (ヒョ)	후 (フ)	휴 (ヒュ)	흐 (フ)	히 (ヒ)
濃音	ㄲ	까 (ッカ)	꺄 (ッキャ)	꺼 (ッコ)	껴 (ッキョ)	꼬 (ッコ)	꾜 (ッキョ)	꾸 (ック)	뀨 (ッキュ)	끄 (ック)	끼 (ッキ)
	ㄸ	따 (ッタ)	땨 (ッティャ)	떠 (ット)	뗘 (ッティョ)	또 (ット)	뚀 (ッティョ)	뚜 (ットゥ)	뜌 (ッティュ)	뜨 (ットゥ)	띠 (ッティ)
	ㅃ	빠 (ッパ)	뺘 (ッピャ)	뻐 (ッポ)	뼈 (ッピョ)	뽀 (ッポ)	뾰 (ッピョ)	뿌 (ップ)	쀼 (ッピュ)	쁘 (ップ)	삐 (ッピ)
	ㅆ	싸 (ッサ)	쌰 (ッシャ)	써 (ッソ)	쎠 (ッショ)	쏘 (ッソ)	쑈 (ッショ)	쑤 (ッス)	쓔 (ッシュ)	쓰 (ッス)	씨 (ッシ)
	ㅉ	짜 (ッチャ)	쨔 (ッチャ)	쩌 (ッチョ)	쪄 (ッチョ)	쪼 (ッチョ)	쬬 (ッチョ)	쭈 (ッチュ)	쮸 (ッチュ)	쯔 (ッチュ)	찌 (ッチ)

ハングル表は「反切表」
（パンジョルピョ）と言います。

合成母音

ㅐ	ㅒ	ㅔ	ㅖ	ㅘ	ㅙ	ㅚ	ㅝ	ㅞ	ㅟ	ㅢ
개（ケ）	걔（ケェ）	게（ケ）	계（ケ）	과（クァ）	괘（クェ）	괴（クェ）	궈（クォ）	궤（クェ）	귀（クィ）	긔（キ）
내（ネ）	냬（ニェ）	네（ネ）	녜（ニェ）	놔（ヌァ）		뇌（ヌェ）	눠（ヌォ）	눼（ヌェ）	뉘（ヌィ）	늬（ニ）
대（テ）		데（テ）	뎨（ティェ）	돠（トァ）	돼（トェ）	되（トェ）	둬（トゥォ）	뒈（トェ）	뒤（トゥィ）	듸（ティ）
래（レ）		레（レ）	례（リェ）	롸（ルァ）		뢰（ルェ）	뤄（ルォ）	뤠（ルェ）	뤼（ルィ）	
매（メ）		메（メ）	몌（ミェ）	뫄（ムァ）		뫼（ムェ）	뭐（ムォ）	뭬（ムェ）	뮈（ムィ）	
배（ペ）		베（ペ）	볘（ピェ）	봐（プァ）	봬（プェ）	뵈（プェ）	붜（プォ）	붸（プェ）	뷔（プィ）	
새（セ）	섀（シェ）	세（セ）	셰（シェ）	솨（スァ）	쇄（スェ）	쇠（スェ）	숴（スォ）	쉐（スェ）	쉬（シュィ）	
애（エ）	얘（イェ）	에（エ）	예（イェ）	와（ワ）	왜（ウェ）	외（ウェ）	워（ウォ）	웨（ウェ）	위（ウィ）	의（ウィ）
재（チェ）	쟤（チェ）	제（チェ）	졔（チェ）	좌（チュァ）	좨（チュェ）	죄（チュェ）	줘（チュォ）	줴（チュェ）	쥐（チュィ）	
채（チェ）		체（チェ）	쳬（チェ）	촤（チュァ）		최（チュェ）	춰（チュォ）	췌（チュェ）	취（チュィ）	츼（チ）
캐（ケ）		케（ケ）	켸（ケ）	콰（クァ）	쾌（クェ）	쾨（クェ）	쿼（クォ）	퀘（クェ）	퀴（クィ）	킈（キ）
태（テ）		테（テ）	톄（テ）	톼（トァ）	퇘（トェ）	퇴（トェ）	퉈（トゥォ）	퉤（トェ）	튀（トゥィ）	틔（ティ）
패（ペ）		페（ペ）	폐（ペ）	퐈（プァ）		푀（プェ）	풔（プォ）		퓌（プィ）	
해（ヘ）		헤（ヘ）	혜（ヘ）	화（ファ）	홰（フェ）	회（フェ）	훠（フォ）	훼（フェ）	휘（フィ）	희（ヒ）
깨（ッケ）		께（ッケ）	꼐（ッケ）	꽈（ックァ）	꽤（ックェ）	꾀（ックェ）	꿔（ックォ）	꿰（ックェ）	뀌（ックィ）	끠（ッキ）
때（ッテ）		떼（ッテ）		똬（ットァ）	뙈（ットェ）	뙤（ットェ）	뚸（ットゥォ）	뛔（ットェ）	뛰（ットゥィ）	띄（ッティ）
빼（ッペ）		뻬（ッペ）								
쌔（ッセ）		쎄（ッセ）		쏴（ッスァ）	쐐（ッスェ）	쐬（ッスェ）	쒀（ッスォ）	쒜（ッスェ）	쒸（ッシュィ）	씌（ッシ）
째（ッチェ）		쩨（ッチェ）	쪠（ッチェ）	쫘（ッチュァ）	쫴（ッチュェ）	쬐（ッチュェ）	쭤（ッチュォ）		쮜（ッチュィ）	

＊空欄は理論上存在しますが、実際に使われることのない文字です。

覚えておきたい基礎単語

人称代名詞	インチンデミョンサ 인칭대명사		
わたし	チョ 저	わたしたち	チョイ 저희
僕 / 俺	ナ 나	僕たち / 我々	ウリ 우리
あなた	タンシン 당신	あなたたち	タンシンドゥル 당신들
君	ノ 너	君たち	チャネドゥル 자네들
彼	ク 그	彼ら	クドゥル 그들
彼女	クニョ 그녀	彼女たち	クニョドゥル 그녀들

動詞	トンサ 동사		
行く	カダ 가다	寝る	チャダ 자다
見る	ポダ 보다	起きる	ケダ 깨다
食べる	モクタ 먹다	買う	サダ 사다
飲む	マシダ 마시다	遊ぶ	ノルダ 놀다
話す	マラダ 말하다	歩く	コッタ 걷다
笑う	ウッタ 웃다	走る	ティダ 뛰다

指示代名詞	チシデミョンサ 지시대명사		
これ	イゴッ 이것	ここ	ヨギ 여기
それ	クゴッ 그것	そこ	コギ 거기
あれ	チョゴッ 저것	あそこ	チョギ 저기
これら	イゴットゥル 이것들	この	イ 이
それら	クゴットゥル 그것들	その	ク 그
あれら	チョゴットゥル 저것들	あの	チョ 저

疑問詞 의문사（ウィムンサ）

どれ	어느 것（オヌ ゴッ）	どのように	어떻게（オットケ）
どこ	어디（オディ）	どんな	어떤（オットン）
どの	어느（オヌ）	なぜ	왜（ウェ）
何	무엇（ムオ）	いくら	얼마（オルマ）
誰	누구（ヌグ）	いくつ	몇（ミョッ）
いつ	언제（オンジェ）	いくらでも	얼마든지（オルマドゥンジ）

接続詞 접속사（チョプソクサ）

そして	그리고（クリゴ）	やはり	역시（ヨクシ）
それで	그래서（クレソ）	ひょっとして	혹시（ホクシ）
ところで	근데（クンデ）	もしも	만약에（マニャゲ）
しかし	그러나（クロナ）	したがって	그러므로（クロムロ）
しかも	더구나（トグナ）	すなわち	즉（チュク）
その上	게다가（ケダガ）	かえって	오히려（オイリョ）

方向・位置 방향・위치（パンヒャン・ウィチ）

東	동쪽（トンッチョク）	左	왼쪽（ウェンッチョク）
西	서쪽（ソッチョク）	右	오른쪽（オルンッチョク）
南	남쪽（ナムッチョク）	端	가장자리（カジャンジャリ）
北	북쪽（プクッチョク）	中央	중앙（チュンアン）
上	위（ウィ）	高い	높다（ノプタ）
下	밑（ミッ）	低い	낮다（ナッタ）

形 모양(モヤン)

大きい	크다(クダ)	厚い	두텁다(トゥトプタ)
小さい	작다(チャクタ)	薄い	얇다(ヤルタ)
長い	길다(キルダ)	丸い	둥글다(トゥングルダ)
短い	짧다(チャルタ)	四角い	네모나다(ネモナダ)
太い	굵다(ククタ)	重い	무겁다(ムゴプタ)
細い	가늘다(カヌルダ)	軽い	가볍다(カビョプタ)

感情 감정(カムジョン)

楽しい	즐겁다(チュルゴプタ)	つらい	괴롭다(クェロプタ)
さびしい	외롭다(ウェロプタ)	憎い	밉다(ミプタ)
嬉しい	기쁘다(キップダ)	恐い	두렵다(トゥリョプタ)
悲しい	슬프다(スルプダ)	恥ずかしい	부끄럽다(ブックロプタ)
面白い	재미있다(チェミイッタ)	うらやましい	부럽다(ブロプタ)
つまらない	재미없다(チェミオプタ)	じれったい	감질나다(カムジルラダ)

容姿 외모(ウェモ)

かわいい	귀엽다(クィヨプタ)	大人っぽい	어른스럽다(オルンスロプタ)
美しい	예쁘다(イエップダ)	優しい	상냥하다(サンニャンハダ)
かっこいい	멋지다(モッチダ) / 멋있다(モシッタ)	厳しい	엄격하다(オムキョカダ)
ダサい	촌스럽다(チョンスロプタ)	怖い	무섭다(ムソプタ)
幼い	어리다(オリダ)	おとなしい	얌전하다(ヤムジョナダ)
若い	젊다(チョムタ)	凛々しい	씩씩하다(シクッシカダ)

味 マッ
맛

おいしい	マシッタ **맛있다**	しょっぱい	チャダ **짜다**
まずい	マドプタ **맛없다**	甘酸っぱい	セコムダルコムハダ **새콤달콤하다**
辛い	メプタ **맵다**	脂っこい	ヌッキハダ **느끼하다**
甘い	タルダ **달다**	熱い	トゥゴプタ **뜨겁다**
苦い	スダ **쓰다**	冷たい	チャダ **차다**
酸っぱい	シダ **시다**	くさい	クリダ **구리다**

色 セッカル
색깔

赤	パルガン **빨강**	灰色	フェセク **회색**
黄	ノラン **노랑**	紫色	ボラセク **보라색**
緑	チョロク **초록**	ピンク色	プノンセク **분홍색**
青	パラン **파랑**	オレンジ色	チュファンセク **주황색**
白	ヒンセク **흰색**	茶色	タセク **다색**
黒	コムジョン **검정**	水色	ムルッピ **물빛**

天気 ナルッシ
날씨

晴れ	マルグム **맑음**	台風	テプン **태풍**
くもり	フリム **흐림**	雷	チョンドゥン **천둥**
雨	ピ **비**	気温	キオン **기온**
雪	ヌン **눈**	湿度	スプト **습도**
霧	アンゲ **안개**	虹	ムジゲ **무지개**
風	パラム **바람**	霜	ソリ **서리**

覚えておきたい基礎単語

身体　몸（モム）

頭	머리（モリ）	背中	등（トゥン）
顔	얼굴（オルグル）	腕	팔（パル）
首	목（モク）	手	손（ソン）
胸	가슴（カスム）	指	손가락（ソンカラク）
腹	배（ペ）	足	발（パル）
腰	허리（ホリ）	尻	엉덩이（オンドンイ）

顔　얼굴（オルグル）

目	눈（ヌン）	舌	혀（ヒョ）
耳	귀（クィ）	ひげ	수염（スヨム）
鼻	코（コ）	まゆげ	눈썹（ヌンッソプ）
口	입（イプ）	まつげ	속눈썹（ソンヌンッソプ）
唇	입술（イプスル）	額	이마（イマ）
歯	이（イ）	頬	볼（ポル）

家族　가족（カジョク）

父	아버지（アボジ）	（弟が呼ぶ）姉	누나（ヌナ）
母	어머니（オモニ）	（妹が呼ぶ）姉	언니（オンニ）
兄弟	형제（ヒョンジェ）	弟	남동생（ナムドンセン）
姉妹	자매（チャメ）	妹	여동생（ヨドンセン）
（弟が呼ぶ）兄	형（ヒョン）	祖父	할아버지（ハラボジ）
（妹が呼ぶ）兄	오빠（オッパ）	祖母	할머니（ハルモニ）

職業　직업（チゴプ）

学生	학생（ハクセン）	エンジニア	엔지니어（エンジニオ）
会社員	회사원（フェサウォン）	画家	화가（ファガ）
主婦	주부（チュブ）	ミュージシャン	뮤지션（ミュジション）
医者	의사（ウィサ）	コック	요리사（ヨリサ）
看護師	간호사（カノサ）	警察官	경찰관（キョンチャルグァン）
教師	교사（キョサ）	公務員	공무원（コンムウォン）

時間　시간（シガン）

朝	아침（アチム）	昨日	어제（オジェ）
昼	낮（ナッ）	今日	오늘（オヌル）
夕方	저녁（チョニョク）	明日	내일（ネイル）
晩	밤（パム）	あさって	모레（モレ）
午前	오전（オジョン）	今年	올해（オルヘ/オレ）
午後	오후（オフ）	来年	내년（ネニョン）

国　나라（ナラ）

日本	일본（イルボン）	イギリス	영국（ヨングク）
大韓民国	대한민국（テハンミングク）	ドイツ	독일（トギル）
アメリカ	미국（ミグク）	フランス	프랑스（プランス）
中国	중국（チュングク）	ギリシャ	그리스（グリス）
北朝鮮	북한（プカン）	外国	외국（ウェグク）
ロシア	러시아（ロシア）	国連	유엔（ユエン）

スポーツ	スポチュ 스포츠		
野球	ヤグ 야구	剣道	コムド 검도
サッカー	チュック 축구	柔道	ユド 유도
テニス	テニス 테니스	水泳	スヨン 수영
バレーボール	ベグ 배구	体操	チェジョ 체조
バスケットボール	ノング 농구	重量挙げ	ヨクト 역도
バドミントン	ベドゥミントン 배드민턴	アーチェリー	ヤングン 양궁

野菜	ヤチェ 야채	果物	クァイル 과일
玉ねぎ	ヤンパ 양파	りんご	サグァ 사과
大根	ム 무	梨	ペ 배
人参	タングン 당근	桃	ポクスンア 복숭아
キャベツ	ヤンベチュ 양배추	みかん	キュル 귤
じゃがいも	カムジャ 감자	いちご	タルギ 딸기
きゅうり	オイ 오이	ぶどう	ポド 포도

料理	ヨリ 요리		
キムチ	キムチ 김치	チヂミ	チジミ 지짐이
ビビンバ	ピビンパプ 비빔밥	焼き飯	ポックムパプ 볶음밥
石焼きビビンバ	トルソッピビンパプ 돌솥비빔밥	ユッケ	ユケ 육회
クッパ	クッパプ 국밥	海苔巻き	キムパプ 김밥
冷麺	ネンミョン 냉면	ナムル	ナムル 나물
焼肉	プルゴギ 불고기	豆腐	スンドゥブ 순두부

飲み物　음료 (ウムリョ)

酒	술 (スル)	お茶	차 (チャ)
ビール	맥주 (メクチュ)	ゆず茶	유자차 (ユジャチャ)
マッコリ	막걸리 (マッコルリ)	ナツメ茶	대추차 (テチュチャ)
焼酎	소주 (ソジュ)	シッケ	식혜 (シケ)
清酒	청주 (チョンジュ)	ジュース	주스 (チュス)
梅酒	매실주 (メシルチュ)	コーヒー	커피 (コピ)

店　가게 (カゲ)

食堂	식당 (シクタン)	喫茶店	다방 (タバン)
レストラン	레스토랑 (レストラン)	パン屋	빵집 (パンチプ)
コンビニ	편의점 (ピョニジョム)	花屋	꽃집 (コッチプ)
本屋	책방 (チェクパン)	屋台	포장마차 (ポジャンマチャ)
美容院	미용실 (ミヨンシル)	銀行	은행 (ウネン)
床屋	이발소 (イバルソ)	デパート	백화점 (ペクァジョム)

公共施設　공용시설 (コンヨンシロル)

博物館	박물관 (パンムルグァン)	交番	파출소 (パチュルソ)
美術館	미술관 (ミスルグァン)	病院	병원 (ピョンウォン)
公園	공원 (コンウォン)	郵便局	우체국 (ウチェグク)
植物園	식물원 (シンムルォン)	市役所	시청 (シチョン)
警察署	경찰서 (キョンチャルソ)	図書館	도서관 (トソグァン)
消防署	소방서 (ソバンソ)	学校	학교 (ハッキョ)

著者
ちょん・ひょんしる（鄭玄実）

早稲田大学卒、同大学院、東京外国語大学大学院修士課程修了。
NPO法人「ふくかんねっと」理事長。（株）FUKUKANプロジェクト代表取締役。著書に『やさしくはじめる韓国語』（白水社）、『韓国人はアンニョンハセヨとは言わない!?』（アスク出版）など。

河本菜穂子（かわもと なおこ）

福島大学大学院、教育学専攻博士前期課程修了。
在学中、韓国外国語大学に交換留学。韓国東明大学の日本学科助教授、福島大学講師を経て現在はNPO法人ふくかんねっと韓国語講師を務める。

執筆協力　安田葉子
イラスト　青山京子
ナレーション　野村富美江／うにょん／イ・ドンチョル
DTP・校正　有限会社 P.WORD
編集担当　横山美穂（ナツメ出版企画株式会社）

音声DL版　オールカラー
基礎からレッスン
はじめての韓国語

2024年 4月 1日　初版発行

著　者　ちょん・ひょんしる　©Chung Hyunsil, 2024
河本菜穂子　©Kawamoto Naoko, 2024
発行者　田村正隆
発行所　株式会社ナツメ社
東京都千代田区神田神保町1-52
ナツメ社ビル1F（〒101-0051）
電話 03-3291-1257（代表）　FAX 03-3291-5761
振替 00130-1-58661
制　作　ナツメ出版企画株式会社
東京都千代田区神田神保町1-52
ナツメ社ビル3F（〒101-0051）
電話 03-3295-3921（代表）
印刷所　ラン印刷社

ISBN978-4-8163-7518-7　Printed in Japan
〈定価はカバーに表示してあります〉〈乱丁・落丁本はお取り替えします〉

本書は弊社既刊『CD付き オールカラー　基礎からレッスンはじめての韓国語』をもとに、音声をダウンロード形式に変更しております。

本書に関するお問い合わせは、書名・発行日・該当ページを明記の上、下記のいずれかの方法にてお送りください。電話でのお問い合わせはお受けしておりません。
・ナツメ社webサイトの問い合わせフォーム
https://www.natsume.co.jp/contact
・FAX（03-3291-1305）
・郵送（左記、ナツメ出版企画株式会社宛て）
なお、回答までに日にちをいただく場合があります。正誤のお問い合わせ以外の書籍内容に関する解説・個別の相談は行っておりません。あらかじめご了承ください。